乡村振兴与美丽乡村建设研究

叶加申 ◎ 著

北京工业大学出版社

图书在版编目（CIP）数据

乡村振兴与美丽乡村建设研究 / 叶加申著． — 北京：北京工业大学出版社，2025.7 重印
ISBN 978-7-5639-7077-3

Ⅰ．①乡… Ⅱ．①叶… Ⅲ．①农村－社会主义建设－研究－中国 Ⅳ．① F320.3

中国版本图书馆 CIP 数据核字（2019）第 237789 号

乡村振兴与美丽乡村建设研究

| 著　　者：叶加申
| 责任编辑：邓梅菡
| 封面设计：点墨轩阁
| 出版发行：北京工业大学出版社
| 　　　　　（北京市朝阳区平乐园 100 号　邮编：100124）
| 　　　　　010-67391722（传真）　　bgdcbs@sina.com
| 经销单位：全国各地新华书店
| 承印单位：三河市元兴印务有限公司
| 开　　本：710 毫米 ×1000 毫米　1/16
| 印　　张：12.25
| 字　　数：245 千字
| 版　　次：2021 年 10 月第 1 版
| 印　　次：2025 年 7 月第 4 次印刷
| 标准书号：ISBN 978-7-5639-7077-3
| 定　　价：45.00 元

版权所有　翻印必究

（如发现印装质量问题，请寄本社发行部调换 010-67391106）

前　言

民之所呼，政之所应。实施乡村振兴战略，建设美丽新农村，是人民群众的新期盼。在实施乡村振兴战略的大背景下，美丽乡村建设在新时代有其新的内涵和更高要求，目标更加宏大，要以更高标准、更高质量深化美丽乡村建设，着力打造美丽乡村建设，加快推进农业农村现代化。实施乡村振兴战略，是以习近平同志为核心的党中央对"三农"工作的新部署、新要求，美丽乡村事业将为农村振兴、国家复兴承担更为重要的责任。

本书共八章，第一章为绪论，主要阐述了乡村振兴的提出、美丽乡村建设的意义以及美丽乡村建设的背景；第二章为美丽乡村建设的理论基础，主要阐述了经济发展理论、生态环境理论、多元文化理论以及和谐社会理论；第三章为乡村振兴现状与存在问题，主要阐述了乡村发展的四条线索、乡村发展的八大问题以及乡村发展的提升内容；第四章为乡村振兴与美丽乡村建设，主要阐述了乡村建设的多元视角、乡村建设应规避的问题、乡村建设中的基本原则以及乡村建设中的"三大黄金法则"和乡村建设中的传统与创新；第五章为乡村振兴战略的规划与发展，主要阐述了乡村振兴的规划方法、乡村产业与乡村振兴、乡村土地与乡村振兴以及乡村文化与乡村振兴和乡村治理创新与乡村振兴；第六章为国外美丽乡村的建设与启示，主要阐述了德国的休闲农庄、韩国的"新村运动"、日本的"一村一品"以及加拿大的"新乡村建设运动"和国外乡村旅游建设的四种开发模式；第七章为乡村综合开发与田园综合体建设，主要阐述了乡村综合开发与田园综合体概述、田园综合体的发展模式；第八章为新时代美丽乡村建设的路径探讨，主要阐述了完善制度建设、促进机制创新以及拓展资金来源和加强学科协作。

为了确保研究内容的丰富性和多样性，笔者在写作过程中参考了大量理论与研究文献，在此向涉及的专家学者表示衷心的感谢。最后，因笔者水平有限，加之时间仓促，本书难免存在一些疏漏，在此，恳请同行专家和读者朋友批评指正！

目 录

第一章 绪 论 ·· 1
  第一节 乡村振兴的提出 ·· 1
  第二节 美丽乡村建设的意义 ·· 9
  第三节 美丽乡村建设的背景 ·· 15

第二章 美丽乡村建设的理论基础 ·· 19
  第一节 经济发展理论 ·· 19
  第二节 生态环境理论 ·· 26
  第三节 多元文化理论 ·· 34
  第四节 和谐社会理论 ·· 36

第三章 乡村振兴现状与存在问题 ·· 41
  第一节 乡村发展的四条线索 ·· 41
  第二节 乡村发展的八大问题 ·· 44
  第三节 乡村发展的提升内容 ·· 54

第四章 乡村振兴与美丽乡村建设 ·· 59
  第一节 乡村建设的多元视角 ·· 59
  第二节 乡村建设应规避的问题 ·· 61
  第三节 乡村建设中的基本原则 ·· 63
  第四节 乡村建设中的"三大黄金法则" ·· 66
  第五节 乡村建设中的传统与创新 ·· 70

第五章　乡村振兴战略的规划与发展 ················· 83
第一节　乡村振兴的规划方法 ························ 83
第二节　乡村产业与乡村振兴 ························ 89
第三节　乡村土地与乡村振兴 ························ 95
第四节　乡村文化与乡村振兴 ······················· 100
第五节　乡村治理创新与乡村振兴 ··················· 115

第六章　国外美丽乡村的建设与启示 ················· 119
第一节　德国的市民农庄 ···························· 119
第二节　韩国的新村运动 ···························· 123
第三节　日本的"一村一品" ························ 129
第四节　美国的"乡村发展计划" ···················· 132
第五节　加拿大的新乡村建设运动 ···················· 136
第六节　国外乡村旅游建设的四种开发模式 ············ 139

第七章　乡村综合开发与田园综合体建设 ·············· 147
第一节　乡村综合开发与田园综合体概述 ·············· 147
第二节　田园综合体的发展模式 ······················ 154

第八章　新时代美丽乡村建设的路径探讨 ·············· 169
第一节　完善制度建设 ······························ 169
第二节　促进机制创新 ······························ 175
第三节　拓展资金来源 ······························ 183
第四节　加强学科协作 ······························ 185

参考文献 ··· 189

第一章 绪 论

实施乡村振兴战略,即根据产业兴旺、生态宜居、乡风文明、治理有效、生活富裕的总要求,深入开展"美丽乡村"建设,不仅从面貌上改善农村环境,更让群众感受到实实在在的获得感,促进农业提效、农民增收、农村美丽。本章分为乡村振兴的提出、美丽乡村建设的意义、美丽乡村建设的背景三部分。

第一节 乡村振兴的提出

一、乡村振兴战略的内涵

相比较新农村建设而言,乡村振兴战略的内容更全面,内涵更丰富,层次更高,目标更大,这是新时代我国农村工作发展方向和理念的一次深刻变革。其战略导向体现在"三个坚持",即坚持高质量发展、坚持农业农村优先发展、坚持走城乡融合发展道路。

(一)产业兴旺是乡村振兴的核心

新时代实现农村产业发展是推动农业农村发展的核心所在。农村产业发展是农村实现可持续发展的内在要求。从中国农村产业的发展历程来看,在过去的一段时间里,生产发展,尤其是农业生产发展是其重点所在,解决农民的温饱问题是其主要目标,进而促使农民生活向小康迈进。从生产发展到产业兴旺的转变,意味着新时代党的农业农村政策体系更加聚焦和务实,农业农村现代化的实现是其主要目标所在。产业兴旺要求从过去单纯地追求产量转变为追求质量,从粗放型经营转变成精细型经营,从不可持续发展转变成可持续发展,从低端供给转变成高端供给。农村产业融合发展是城乡融合发展的关键步骤。产业兴旺不仅要促使农业发展的实现,还要使农村的发展业态得到丰富,促进农村二三产业的融合发展，突出以推进供给侧结构性改革为主线，提升供给质量和效益，推动农业农村发展提质增效，更好地实现农业增产、农村增值、农民增收，打破农村与城市之间的壁垒。产业兴旺是农民生活富裕的前提，而农民富裕、产业兴旺又是乡风文明和有效治理的基础，只有真正将产业兴旺、农民富裕、乡风文明、治理有效有机结合，才能真正促进生态宜居水平的提高。

党的十九大将产业兴旺作为实施乡村振兴战略的首要要求，由此可见农村产业发展的重要性。目前，我国农村产业发展还存在着区域特色和整体优势不足、产业布局缺少整体规划、产业结构较为单一等问题，实施乡村振兴战略必须要牢牢抓住产业兴旺这一核心，并将其作为优先方向和实践突破点，真正打通农村产业发展的"最后一公里"，从而更好地促进农业农村现代化的实现。

（二）生态宜居是乡村振兴的基础

习近平同志在十九大报告中指出，要加快生态文明体制改革，建设美丽中国。美丽中国的起点和基础是美丽乡村。乡村振兴战略提出要建设生态宜居的美丽乡村，更加突出了新时代重视生态文明建设与人民日益增长的美好生活需要的内在联系。乡村生态宜居不再是简单强调单一化生产场域内的"村容整洁"，而是对"生产、生活、生态"为一体的内生性低碳经济发展方式的乡村探索。生态宜居的内核是倡导绿色发展，是以低碳、可持续为核心，是对"生产场域、生活家园、生态环境"为一体的复合型"村镇化"道路的实践打造和路径示范。绿水青山就是金山银山。乡村产业兴旺本身就蕴含着生态底色，通过建设生态宜居家园实现物质财富创造与生态文明建设互融互通，走出一条中国特色的乡村绿色可持续发展道路，在此基础上真正实现更高品质的生活富裕。

同时，生态文明也是乡风文明的重要组成部分，乡风文明内涵则是对生态文明建设的基本要求。此外，实现乡村生态的良好治理是实现乡村有效治理的重要内容，治理有效必然包含着有效的乡村生态治理体制机制。从这个意义而言，打造生态宜居的美丽乡村必须要把乡村生态文明建设作为基础性工程扎实推进，让美丽乡村看得见未来，留得住乡愁。

（三）治理有效是乡村振兴的保障

实现乡村有效治理能够在一定程度上保障农村的稳定发展。只有有效的乡村治理才能真正为产业兴旺、生态宜居、乡风文明和生活富裕提供秩序支持，才能有序推进乡村振兴。新时代乡村治理的明显特征是强调国家与社会之间的有效整合，盘活乡村治理的存量资源，利用乡村治理的增量资源，以有效性作为乡村治理的基本价值导向，平衡村民自治实施以来乡村社会面临的冲突和分化。也就是围绕实现有效治理这个最大目标，乡村治理技术手段可以更加多元、开放和包容。只要有益于推动实现乡村有效治理的资源都可以充分整合利用，而不再简单强调乡村治理技术手段问题，忽视对治理绩效的追求和乡村社会的秩序均衡。

（四）生活富裕是乡村振兴的根本

共同富裕是生活富裕的本质要求。改革开放四十多年来，农村的经济社会发生了翻天覆地的变化，农民的温饱问题得到了解决，农村正在逐渐向全面建成小康社会迈进。然而，也日益凸显出了广大农村地区的发展不平衡问题，积极回应农民对美好生活的诉求必须要直面和解决这一问题。农民关于生活富不富裕有着切身的感受。农村地区长期以来的发展不平衡问题，使农民在无形之中感受到了一种"被剥夺感"，农民的获得感和幸福感也呈现出了"边际现象"，换句话说，简单靠存量增长已经不能再有效地促进农民获得感和幸福感的提升了。生活富裕与生活宽裕相比较，尽管只相差了一个字，然而其内涵和要求却大不相同。生活宽裕的目标在于解决农民的温饱问题，使农民的生活水平基本达到小康，而农村的存量发展是实现农民生活宽裕的根本所在。生活富裕的目标在于农民的现代化问题，要切实提高农民的获得感和幸福感，消除农民的"被剥夺感"，而这也使得生活富裕具有共同富裕的内在特征。解决农民生活富裕的问题的关键在于有效激活农村增量发展空间。

二、乡村振兴战略的背景

（一）我国"三农"政策的变迁

21世纪之前，我国实施农业支持工业的战略，主要通过从农业中汲取资金支持工业。21世纪以后，我国逐步将原农业支持工业战略转变为工业反哺农业战略。2002年，党的十六大报告首次提出了"统筹城乡经济社会发展"。2003年，胡锦涛同志提出要把解决好"三农"问题作为全党工作的重中之重。2004年9月，胡锦涛同志在十六届四中全会中提出"两个趋向"的重要论断。

第一个趋向，即在工业化初始阶段，农业支持工业、为工业提供积累是带有普遍性的趋向，绝大多数国家在工业化初期阶段发展工业的资金都来自农业。

第二个趋向，即在工业化达到相当程度后，工业反哺农业、城市支持农村，实现工业与农业、城市与农村协调发展，也是带有普遍性的倾向，在理论界被称为工业化中期阶段。也就是说，在工业化中期阶段以后，一个国家或者地区的基本工业体系已经形成，工业体系相对完整，工业有了自我发展、自我积累的能力，不需要从农业中汲取资金。相反，农业因为长期为工业提供资金，其发展相对滞后，客观上需要工业为其"输血"。

在"两个趋向"的基础上，胡锦涛同志又提出"我国现在总体上已到了以工促农、以城带乡的发展阶段"的重要判断。

从教育方面看，2003年以前，相当一部分农村教育都是民办，即农民自己筹集资金开展农村教育基础设施建设，导致当时城乡教育差距明显。

从医疗方面看，2003年以前，接近80%的农村居民没有任何医疗保障，因此，从2003年开始，我国在一些地区试点实行新型农村合作医疗。新型农村合作医疗深受农民的欢迎，截至2007年9月底，开展新型农村合作医疗的县（市、区）占全国总数的85.5%，参保农民近7.26亿人，参合率达到86%，2008年6月已经基本实现全面覆盖目标。

2004年，《中共中央国务院关于促进农民增加收入若干政策的意见》提出要"逐步降低农业税税率，2004年农业税税率总体上降低1个百分点，同时取消除烟叶外的农业特产税"。2005年中央一号文件提出，"减免农业税、取消除烟叶以外的农业特产税""进一步扩大农业税免征范围，加大农业税减征力度"。2005年3月，温家宝同志在十届全国人大三次会议上的政府工作报告中提出，为适应我国经济发展新阶段的要求，实行工业反哺农业、城市支持农村的方针，合理调整国民收入分配格局，更多地支持农业和农村发展。2005年10月，党的十六届五中全会提出"建设社会主义新农村是我国现代化进程中的重大历史任务"。2006年中央一号文件部署了推进社会主义新农村建设，提出了"五句话、二十个字"，即生产发展、生活宽裕、乡风文明、村容整洁、管理民主。这一阶段，我国推行了农业税收减免政策。2005年12月29日，十届全国人大常委会第十九次会议通过了关于废止农业税条例的决定。

与此同时，从2004年开始，我国相继实行了"四大补贴"政策。一是良种补贴，该补贴从2002年开始试点，2004年在全国正式推开。现在，我国主要农产品品种，包括种植业、畜牧业、渔业都实施了良种补贴。二是种粮农民直接补贴，该补贴从2004年开始实施，按照农民承包土地亩数面积计算。三是农机购置补贴，即国家对农民购买农机具给予补贴，该补贴最初补贴1/3，后来转变为定额补贴。四是农资综合补贴，该补贴从2006年开始实施。

随着经济的发展，我国劳动力成本、各种原料及农业生产资料价格逐步上升。因此，国家实施了农业生产资料综合补贴。

2004年开始，我国对主要农产品实施了最低收购价格。2004年、2005年主要针对稻谷实施最低保护价收购，2006年开始对小麦实施最低保护价收购。

随后，我国对其他农产品也实行了相应的价格保护政策。2008年后政府最低收购价逐年提升，我国主要农产品价格也逐渐高于国际生产价格。2015年、2016年国内主要农产品价格已经大大高于国际同类农产品价格，每种产品价格在不同时期高出的幅度也不同。这种情况下就必须改革我国主要农产品的价格形成机制。例如，我国对粮食价格形成机制进行改革，对大豆和棉花实行目标价格制度。2016年，财政部印发了《关于建立玉米生产者补贴制度的实施意见》，取消了玉米临时收储政策，实行生产者补贴政策。

在公共事业上，2006年，我国对西部地区农村义务教育阶段学生全部免除学杂费，2007年，对全国农村义务教育阶段学生全部免除学杂费。2007年7月，国务院下发了《关于在全国建立农村最低生活保障制度的通知》，开始在全国逐渐推开建立农村低保。从居民养老保险制度来看。2007年10月，党的十七大报告强调，"覆盖城乡居民的社会保障体系基本建立，人人享有基本生活保障"，并强调要"探索建立农村养老保险制度"。2009年，国务院发布了《关于开展新型农村社会养老保险试点的指导意见》，从2009年开始实施。

新农保试点的基本原则是"保基本、广覆盖、有弹性、可持续"。"保基本"就是保障农村养老基本生活、基本需求。"广覆盖"就是逐渐提高覆盖面，最终让所有农村居民的养老问题都纳入制度里。2014年，国务院印发了《关于建立统一的城乡居民基本养老保险制度的意见》。《意见》提出，十二五末，在全国基本实现新农保与城市职工基本养老保险制度相衔接。2020年前，全面建成公平、统一、规范的城乡居民养老保险制度。

从医疗保险领域来看，2012年，国家发展改革委、卫计委等六部门发布了《关于开展城乡居民大病保险工作的指导意见》。2015年，国务院办公厅发布了《关于全面实施城乡居民大病保险的意见》，开始在全国推行城乡居民大病保险。2016年，国务院印发了《关于整合城乡居民基本医疗保险制度的意见》，把城镇居民基本医疗保险和新型农村合作医疗整合在一起，形成城乡居民基本医疗保险（城乡居民医保）。城乡居民医保从2016年开始实施，其最终目标是让城镇居民和农村居民的基本医疗保险达到一致，让保险在区域上可以互相接续。这样既有利于人口的流动，又有利于农村居民整体医疗保险水平的提高。党的十八大以来，我国农业农村政策的很多方面都体现在中央一号文件上。

2013年中央一号文件《中共中央国务院关于加快发展现代农业进一步增强农村发展活力的若干意见》其中第六部分是"改进农村公共服务机制，积极推进城乡公共资源均衡配置"。2013年中央一号文件还强调要"努力建设美丽乡村"。2015年，国家市场监督管理总局、国家标准化管理委员会发布《美丽乡村建设指南》国家标准，就是用于指导全国不同地区不同情况的美丽乡村建设。2014年中央一号文件提出"健全城乡发展一体化体制机制""开展村庄人居环境整治""推进城乡基本公共服务均等化"。2015年中央一号文件强调，"围绕城乡发展一体化，深入推进新农村建设"，指出"中国要美，农村必须美"。文件还强调，要在2015年解决无电人口用电问题，加快推进西部地区和集中连片特困地区农村公路建设。2016年中央一号文件强调，"加快建设社会主义新农村""社会主义新农村建设水平进一步提高"。2017年中央一号文件强调，要"壮大新产业新业态，拓展农业产业链价值链""大力发展乡村休闲旅游产业""培育宜居宜业特色村镇""支持有条件的乡村建设以农民合作社为主要载体、让农民充分参与和受益，集循环农业、创意农业、农事体验于一体的田园综合体"。

（二）"三农"工作取得的成效

1. 粮食总产量年年丰收

根据国家统计局数据，2004—2015年，我国粮食生产实现了12年连续增产。虽然2016年的全国粮食总产量（61 625万吨）较2015年的全国粮食总产量（62 144万吨）有所降低，但降低的并不多。2017年全国粮食总产量是61 791万吨，虽然在总量上没有超过2015年的62 144万吨，但是较2016年的61 625万吨还是有所提升。总体来讲，2004—2017年，我国粮食总产量虽然没有实现"十四连增"，但却是"十四连丰"，全国粮食从21世纪以来每年都是丰收的状态。

2. 脱贫攻坚取得显著成效

2013年以来，全国每年减少贫困人口1 000万人以上。党的十八大以来，已基本完成580多万人的易地扶贫搬迁建设任务。形成贫困的原因有很多，其中一个重要的原因就是有些地方根本不适合生存，所以就要把他们搬到适合生存、适合生产的地方。第三次全国农业普查主要数据公报显示，截至2016年底，全国有99.3%的村通公路，村内主要道路有路灯的村占全部村的比重是61.9%，全国通电的村占全部村的比重是99.7%，91.3%的村集中或部分集中供水，90.8%的村生活垃圾集中处理或部分集中处理，73.9%的村生活垃圾集中处理或部分集中处理，17.4%的村生活污水集中处理或部分集中处理，53.5%的村完成或部分完成改厕。从农户来看，10 995万户的饮用水为经过净化处理的自来水，占47.7%；使用水冲式卫生厕所的8 339万户，占36.2%，也就是说，

1/3 以上的农户已经使用水冲式卫生厕所了；无厕所的 469 万户，占 2.0%。

3. 农村居民人均纯收入快速增长

根据国家统计局数据，2012 年农村居民人均纯收入 7917 元，实际增长 10.7%，高于国内生产总值（2012 年国内生产总值增速为 7.7%）。2016 年农村居民人均可支配收入 12 363 元，实际增长 6.2%，低于国内生产总值增速（2016 年国内生产总值增速为 6.7%），但是 2017 年农村居民人均可支配收入实际增长又大于国内生产总值增长。城乡居民收入之比从 2010 年开始呈下降状态，2016 年是 2.72 ∶ 1。

三、乡村振兴战略的提出

2017 年 10 月 18 日，党的十九大报告首次提出乡村振兴战略，并将其列为决胜全面建成小康社会需要坚定实施的七大战略之一。

党的十九大后，乡村振兴成为各方讨论的热点，习近平总书记对此有过多次精彩论述。2017 年 12 月的中央农村工作会议与 2018 年的政府工作报告，对推进乡村振兴战略做出了重要部署。农业农村部部长韩长赋也在多个场合阐述了乡村振兴的意义、举措等。这些论述将成为未来乡村振兴战略实施的重要根据。

（一）关于实施乡村振兴战略的重要论述

习近平总书记高度重视"三农"工作，在提出乡村振兴战略之前，曾在不同场合对"三农"问题发表重要论述。早在 2013 年中央农村工作会议上，他就指出：中国要强，农业必须强；中国要美，农村必须美；中国要富，农民必须富。

习近平总书记针对我国的粮食安全，指出要实施"以我为主、立足国内、确保产能、适度进口、科技支撑"的国家粮食安全战略，确保谷物基本自给、口粮绝对安全。针对农民与土地的关系，他强调，深化改革是解决农业农村发展面临的各种矛盾和问题的根本。新形势下深化农村改革，主线仍然是处理好农民和土地的关系。无论怎么改，不能改垮农村土地集体所有制，不能改少耕地，不能改弱粮食的生产能力，不能损害农民的利益。

习近平总书记指出，我国农业农村发展已进入新的历史阶段，农业的主要矛盾由总量不足转变为结构性矛盾，矛盾的主要方面在供给侧。习近平总书记对乡村的生态与文化也极为重视，他反复强调，"绿水青山就是金山银山""要让居民望得见山、看得见水、记得住乡愁"。

党的十九大后，习近平总书记关于乡村振兴的新理念新思想新战略主要体现在2017年中央农村工作会议与2018年的全国"两会"上。

1. 关于"三农"工作的重要论述

在2017年12月召开的中央农村工作会议上，习近平总书记提出了一系列新理念新思想新战略：一是坚持加强党对农村工作的领导，为"三农"发展提供坚强政治保障；二是坚持重中之重的战略地位，切实把农业农村优先发展落到实处；三是坚持把推进农业供给侧结构性改革作为主线，加快推进农业农村现代化；四是坚持立足国内保障自给的方针，牢牢把握国家粮食安全主动权；五是坚持不断深化农村改革，激发农村发展新活力；六是坚持绿色生态导向，推动农业农村可持续发展；七是坚持保障和改善民生，让广大农民有更多的获得感；八是坚持遵循乡村发展规律，扎实推进美丽宜居乡村建设。

2. 关于乡村振兴的重要论述

（1）乡村振兴战略是新时代做好"三农"工作的总抓手

实施乡村振兴战略，是党的十九大做出的重大决策部署，是决胜全面建成小康社会、全面建设社会主义现代化国家的重大历史任务。农业强不强、农村美不美、农民富不富，在很大程度上对全面小康社会的成色和社会主义现代化的质量起着决定作用。要深刻认识乡村振兴战略实施的重要性和必要性，稳步实施乡村振兴战略。

（2）把脱贫攻坚同实施乡村振兴战略有机结合

2018年3月5日，习近平总书记在参加内蒙古代表团审议时强调，打好脱贫攻坚战，关键是打好深度贫困地区脱贫攻坚战，关键是攻克贫困人口集中的乡村。要采取更加有力的举措、更加精细的工作，瞄准贫困人口集中的乡村，重点解决好产业发展、务工就业、基础设施、医疗保障等问题。既要解决好眼下的问题，更要形成可持续的长效机制。要把脱贫攻坚同实施乡村振兴战略有机结合起来，推动乡村牧区产业兴旺、生态宜居、乡风文明、治理有效、生活富裕，从而全面建设好广大农牧民的生活家园。

（二）关于乡村振兴战略的部署

2018年政府工作报告中强调，大力实施乡村振兴战略，科学制定规划，健全城乡融合发展体制机制，依靠改革创新壮大乡村发展新动能。报告从三个方面对乡村振兴做出部署。

1. 推进农业供给侧结构性改革

在农业产业方面，强调促进农林牧渔业和种业创新发展，加快建设现代农业产业园和特色农产品优势区，稳定和优化粮食生产；在农田发展方面，强调新增高标准农田 53 333 平方千米以上、高效节水灌溉面积 13 333 平方千米；在产业融合方面，强调发展"互联网＋农业"，多渠道增加农民收入，促进农村一二三产业的融合发展。

2. 全面深化农村改革

报告主要对农村的土地改革进行了指示，落实第二轮土地承包到期后再延长 30 年的政策；探索宅基地所有权、资格权、使用权分置改革；改进耕地占补平衡管理办法，建立新增耕地指标、城乡建设用地增减挂钩节余指标跨省域调剂机制，所得收益全部用于脱贫攻坚和支持乡村振兴。除此之外，报告还强调，要深化粮食收储、集体产权、集体林权、农垦等改革，使农业农村充满生机活力。

3. 推动农村各项事业全面发展

在设施建设方面，强调改善供水、供电、信息等基础设施，新建改建农村公路 20 万千米。稳步开展农村人居环境整治三年行动，推进"厕所革命"；在文化方面，强调促进农村移风易俗；在乡村治理方面，强调健全自治、法治、德治相结合的乡村治理体系。报告还强调，要坚持走中国特色社会主义乡村振兴道路，加快实现农业农村现代化。

第二节　美丽乡村建设的意义

一、美丽乡村的内涵

作为典型的农耕文明大国，"三农"问题是党和国家历年来最为关注的议题。党的十八大提出大力推进生态文明建设，农村的生态化建设、环境保护和综合治理是构建中国美的关键。建设美丽中国，乡村美是不可或缺的重要组成部分。

党的十八大首次提出建设"美丽中国"的新概念。中共中央总书记习近平同志指出：中国要强，农业必须强；中国要美，农村必须美；中国要富，农民必须富。他还强调，要继续推进社会主义新农村建设，为农民建设幸福家园和美丽乡村。他谈到"美丽乡村"时指出，实现城乡一体化，建设美丽乡村，是要给乡亲们造福，不要把钱花在不必要的事情上，比如说"涂脂抹粉"，房子外面刷层白灰，一白遮百丑；不能大拆大建，特别是古村落要保护好；即使将来城镇化达到70%以上，还有四五亿人在农村；农村绝不能成为荒芜的农村、留守的农村、记忆中的故园；城镇化要发展，农业现代化和新农村建设也要发展，同步发展才能相得益彰。美丽乡村是我国建设现代化的重要组成部分，是统筹城乡发展的重大举措，是解决"三农"问题的金钥匙，是强化农业、建设农村、富裕农民的重要手段和基础工程。

作为新概念的美丽乡村，目前尚无确切定义，相信其会在推进中逐步被完善。从总体和本质上考察，美丽乡村不应止于外表，关键在其内涵。山清水秀但贫穷落后，不是美丽乡村。奢靡浪费又污染严重，更不是美丽乡村。美丽乡村至少应具备以下基本要素：既环境秀美又富裕文明，既可持续发展又生态良好，既传承中华传统又显示现代风貌，既展现民族文化又接轨世界品格。这样的乡村，体现了十八大关于生态文明"融入经济建设、政治建设、文化建设、社会建设各方面和全过程"的要求。这样的乡村，符合人们对美丽乡村的期盼。建设美丽乡村是一项具有高度综合性的工程，涉及许多领域和诸多基础建设。

美丽乡村是一个全面的、综合的概念。美丽乡村不仅强调乡村外部环境美，更重视农村社会的内在美。乡村的美丽不仅要在客观物质方面得到充分的体现，在精神层面和社会文化层面也要全面展现。美丽乡村不仅要以促进人与自然的和谐相处、提升农民生活品质为核心，还要大力推进农村生态人居体系、农村生态环境体系、农村生态经济体系和农村生态文化体系的全面建设，目标是形成有利于农村生态环境保护和可持续发展的农村产业结构、农民生产方式和农村消费模式，是集农村生态文明、物质文明、精神文明、政治文明建设于一体的巨大社会系统工程，是一项关乎千万农民群众切身利益的重要民生工程。

基于以上五个层次的"美"，美丽乡村应包括生活美好、生产发展、文化传承、村庄和谐、生态可持续。"生活美好"是美丽乡村构成的基本条件；"生产发展"是美丽乡村的经济支撑；"文化传承"是美丽乡村的灵魂支柱；"村庄和谐"是美丽乡村的精神文明；"生态可持续"是美丽乡村的核心本质。

美丽乡村建设也可包括构建美丽乡村之"生活美""生态美""生产美""文化美"四个方面。

美丽乡村是规划科学、布局合理、环境优美、人与自然和谐的秀美之村；是家家能生产、户户能经营、人人有事干、个个有钱赚的富裕之村；是传承历史、延续文脉、特色鲜明的魅力之村；是功能完善、服务优良、保障坚实的幸福之村；是创新创造、管理民主、体制优越的活力之村。美丽乡村的建设是落实党的十八大精神，推进生态文明建设的需要，也是改善农村人居环境，提升社会主义新农村建设水平的需要。美丽乡村关乎中国特色社会主义和小康社会建设。建设美丽乡村，是加快繁荣乡村经济、促进群众致富奔小康的重大举措。

二、美丽乡村的体现

党的十八大提出建设美丽中国，其内涵在于生活之美、时代之美、环境之美、社会之美、百姓之美的生态和谐之美，而美丽乡村是美丽中国的奋斗目标在农村的具体体现和实施。

美丽乡村的"美丽"体现在自然层面、社会层面和人文层面，是生态良好、环境优美、布局合理、设施完善和产业发展、农民富裕、特色鲜明、社会和谐的有机统一，具体包括五个层面的"美"：生态环境美、社会环境美、人文环境美、合理布局规划美和体制机制完善美。

（一）生态环境美

围绕"美在环境"，通过生态治理促进村容整洁环境美，并通过深入推进农村环境整治，彰显生态吸引力来达到自然环境的生态变迁。所谓自然环境的生态变迁，是要处理好乡村建设中的人与自然的关系，从而突破农村生态文明建设中的生态危机瓶颈，实现乡村建设的自然美。自然环境的生态变迁是其他生态变迁实现的基础。

（二）社会环境美

围绕"美在生活"，通过大力推进农村生态经济发展，促进创业增收，提高农民生活质量来达到经济环境的生态变迁。所谓经济环境的生态变迁，是要转变农村传统的粗放型生产方式，运用现代科技方式实现农村经济的可持续发展，从而实现乡村建设的现代美。经济环境的生态变迁是其他生态变迁实现的前提。

（三）人文环境美

围绕"美在文化"，通过提高农民的生态文化素质和科学文化素质，积极推进农村文化建设来达到人文环境的生态变迁。所谓人文环境的生态变迁，是通过处理好乡村建设过程中人与人、人与社会的关系，提高农民的生态文化素质，塑造低碳型生活方式，从而实现乡村建设的人文价值。人文环境生态变迁是其他生态变迁的最终归宿。

（四）合理布局规划美

围绕"美在布局"，通过生态规划改变乡村分散杂乱的现状，并通过加快各类规划编制实施来提高规划执行力,实现乡村总体布局环境的生态变迁。所谓乡村总体布局环境的生态变迁,是指在提高规划执行力的同时实现乡村建设的整体美。乡村总体布局环境的生态变迁是其他生态变迁实现的整体要求。

(五)体制机制完善美

围绕"美在建设",通过健全乡村建设的法律法规,建立和完善农村生态环境监控体系和社会保障机制,从而实现乡村保障机制的生态变迁。所谓乡村机制体制的生态变迁是指通过建立配套的监管机制和保障机制,增强乡村服务机制的服务意识,强化生态系统的服务功能,为美丽乡村建设提供体制机制保障,从而实现乡村建设制度的可持续发展。乡村机制体制的生态变迁是其他生态变迁实现的制度保障。

三、美丽乡村建设的意义

(一)开展村庄人居环境整治

2014年中央一号文件《关于全面深化农村改革加快推进农业现代化的若干意见》提出,开展村庄人居环境整治。加快编制村庄规划,推行以奖促治的政策,以治理垃圾、污水为重点,改善村庄人居环境。实施村内道路硬化工程,加强村内道路、供排水等公用设施的运行管护,有条件的地方建立住户付费、村集体补贴、财政补助相结合的管护经费保障制度。制定传统村落保护发展规划,抓紧把有历史文化等价值的传统村落和民居列入保护名录,切实加大投入和保护力度。提高农村饮水安全工程建设标准,加强水源地水质监测与保护,有条件的地方推进城镇供水管网向农村延伸。以西部和集中连片特困地区为重点加快农村公路建设,加强农村公路养护和安全管理,推进城乡道路客运一体化。因地制宜发展户用沼气和规模化沼气。在地震高风险区实施农村民居地震安全工程。加快农村互联网基础设施建设,推进信息进村入户。

(二)大力推进农村生态文明建设

2013年中央一号文件提出,加强农村生态建设、环境保护和综合整治,推进农村生态文明建设,努力建设美丽乡村。加大三北防护林、天然林保护等重大生态修复工程实施力度,推进荒漠化、石漠化、水土流失综合治理。巩固退耕还林成果,统筹安排新的退耕还林任务。探索开展沙化土地封禁保护区建设试点工作。加强国家木材战略储备基地和林区基础设施建设,提高中央财政国家级公益林补偿标准,增加湿地保护投入,完善林木良种、造林、森林抚育等林业补贴政策，积极发展林木经济。继续实施草原生态保护补助奖励政策。加强农作物秸秆综合利用。搞好农村垃圾、污水处理和土壤环境治理，实施乡村清洁工程，加快农村河道、水环境综合整治。发展乡村旅游和休闲农业。创建生态文明示范县和示范村镇。开展宜居村镇建设综合技术集成示范。

随后，农业农村部组织开展"美丽乡村"创建活动，重点推进生态农业建设、推广节能减排技术、节约和保护农业资源、改善农村人居环境，在农村地区开展建设美丽中国的具体行动。

（三）美丽乡村是中国美的重要组成部分

中共中央、国务院于2015年2月1日印发了《关于加大改革创新力度加快农业现代化建设的若干意见》，这是中央一号文件连续12年聚焦"三农"问题，显示了党中央和国务院对农村、农业和农民问题的高度重视，主要突出了建设农民美丽家园的以下内容。

1. 缩小城乡差距

多年来，新农村的发展与城市日新月异的变化相比，依然比较落后，最明显的表现是农村基础设施建设欠账多、城乡居民享有的基本公共服务差距大。为了改变这种状况，必须推进城乡发展一体化，优先发展农村基础设施建设和社会事业，从而缩小城乡之间的发展差距。

为了补上农村基础设施建设的欠账，2015年中央一号文件对农村水电供给做出了全面系统的部署安排，提出了要确保如期完成"十二五"农村饮水安全工程规划任务，推动农村饮水提质增效；2015年解决无电人口用电问题；加快推进西部地区和集中连片特困地区农村公路建设；加强农村客运和农村校车安全管理；完善农村沼气建管机制；加大农村危房改造力度，统筹搞好农房抗震改造；加快农村信息基础设施建设和宽带普及，推进信息进村入户等。

为缩小城乡基本公共服务的差距，一号文件强调了以下三点内容。第一，在农村教育事业上，对发展农村义务教育、高中阶段教育、中等职业教育和农业职业教育方面做出了部署，并提出提高重点高校招收农村学生比例，逐步实现免费中等职业教育等利好措施。第二，在农村医疗卫生事业上，提出建立新型农村合作医疗可持续筹资机制，同步提高人均财政补助和个人缴费标准，进一步提高实际报销水平，全面开展城乡居民大病保险等利好措施。第三，在农村社会保障上，提出要加强农村最低生活保障制度规范管理，全面建立临时救助制度，落实统一的城乡居民基本养老保险制度等。

2. 全面推进农村人居环境整治

干净的村容村貌，是每一个农民的热切期盼。近年来，各地都开展了多种形式的农村环境综合整治，然而，从整体上来看，我国的村庄环境治理还处于起步阶段，村庄人居环境的改善任重道远。目前，农村人居环境整治的重点是垃圾专项整治、污水处理和改厕，改变一些村庄污水乱排、垃圾乱扔、秸秆乱堆的状况。有关部门已经启动农村生活垃圾专项治理，力争通过5年的时间收集处理90%的村庄生活垃圾。

3. 制定鼓励社会资本参与农村建设

2015年中央一号文件进一步明确了鼓励社会资本投向农村基础设施建设和在农村兴办各类事业的举措。一号文件提出，对于政府主导、财政支持的农村公益性工程和项目，可采取购买服务、政府与社会资本合作等方式，引导企业和社会组织参与建设、管护和运营。对于能够商业化运营的农村服务业，向社会资本全面开放。社会资本可以进入哪些领域，基于已有的政策，进一步明确"健全社会扶贫组织动员机制，搭建社会参与扶贫开发平台""支持建设多种农村养老服务和文化体育设施""吸引社会资本参与碳汇林业建设"。引导和鼓励社会资本投向农村建设，需要配套优惠政策。一号文件对此出明确规定，制定鼓励社会资本参与农村建设目录，研究制定财税、金融等支持政策。探索建立乡镇政府职能转移目录，将适合社会兴办的公共服务交由社会组织承担。

"中国要美，农村必须美"，农村环境一旦破坏，再恢复会很难；农村的美一旦消逝，社会经济发展将会遇到前所未有的困难，美丽中国也将只是一个传说。美丽农村是中国美不可或缺的重要组成部分，只有城乡共荣发展，才能真正实现民主富强的中国梦。

在中国经济发展步入新常态的背景下，2016年中央一号文件继续锁定"三农"，表明"三农"问题在中国"重中之重"的地位非但没有弱化，反而更为加强。当前，中国正处在"四化"建设和全面建成小康社会的关键时期、冲刺阶段。全面建成小康社会，不能缺了农村这一头。随着经济社会发展和人民生活水平提高，广大农民群众对生产生活环境的要求越来越高，特别是面对物质生活不断丰富与居住环境较差、精神生活相对匮乏形成强烈反差的现实状况，下大力气改善农村人居环境，建设美丽乡村显得尤为重要和紧迫。

第三节 美丽乡村建设的背景

一、大力推进生态文明建设，建设美丽中国

美丽乡村建设是在我国大力推进生态文明建设的大背景下提出的，是美丽中国的美丽要素。乡村旅游发展既是美丽乡村建设的推进剂，也是美丽乡村建设成果的展示和利用。

建设生态文明，是关系人民福祉、关乎民族未来的长远大计。面对资源约束趋紧、环境污染严重、生态系统退化的严峻形势，必须树立尊重自然、顺应自然、保护自然的生态文明理念，把生态文明建设放在突出地位，融入经济建设、政治建设、文化建设、社会建设的各方面和全过程，努力建设美丽中国，实现中华民族永续发展。大力推进生态文明建设，要坚持节约资源和保护环境的基本国策，坚持节约优先、保护优先、自然恢复为主的方针，着力推进绿色发展、循环发展、低碳发展，形成节约资源和保护环境的空间格局、产业结构、生产方式、生活方式，从源头上扭转生态环境恶化趋势，为人民创造良好生产生活环境，为全球生态安全做出贡献。

2015年3月24日，中共中央政治局审议通过了《关于加快推进生态文明建设的意见》，这一意见是在党的十八大和十八届三中、四中全会对生态文明建设做出顶层设计和总体部署的基础上，对当前和今后一个时期提出的任务、目标和具体措施。中共中央政治局会议强调：第一，必须加快推进生产方式绿色化，构建科技含量高、资源消耗低、环境污染少的产业结构和生产方式，加快发展绿色产业，形成经济社会发展新的增长点；第二，必须把制度建设作为推进生态文明建设的重中之重，按照国家治理体系和治理能力现代化的要求，着力破解制约生态文明建设的体制机制障碍；第三，必须加快推动生活方式绿色化，实现生活方式和消费模式向勤俭节约、绿色低碳、文明健康的方向转变，力戒奢侈浪费和不合理消费。

无论是生产方式、制度建设或生活方式的绿色化，目的都是为人民创造良好生产生活环境。让人民群众能在良好的生态环境中生产生活，是生态文明建设的重要目标，而美丽乡村则是美丽中国的源头和基础。

二、大力推进农业生态化，建设美丽乡村

农业是对自然资源的直接利用与再生产，是其他经济社会活动的前提和基础，农业生产与自然生态系统的联系最紧密、作用最直接、影响最广泛。农业

的特质决定了农业生产和农业生态资源保护工作在整个生态文明建设中具有极其重要的地位。

然而,目前农业生态的现实状况及农业面源污染的特点,也决定了生态文明建设的难点在农村。当前,农业发展正面临着资源约束趋紧、投入品过度消耗、环境污染加剧等严峻挑战,农业资源利用强度高、转化效率低的矛盾日益加剧,加快转变农业发展方式、促进农业可持续发展面临新的考验。可以说,过于倚重资源消耗的发展路子已难以为继,加快转变农业发展方式,加强农业生态文明建设刻不容缓。

同时我们也要看到,农村的先天优势决定了生态文明建设的希望也在农村。相比起城市,农村生态基础更好,地域更广阔,治理调整的空间更大。农业是国民经济的基础,农村人口占到了中国总人口的半数以上,能够在农村树立生态文明的理念,改善农业生产和农民的生活方式,对于中国这样一个人口大国走向低成本的生态文明,本身就是一个划时代的突破。农村有约 1 200 000 平方千米耕地和大量可以开发的荒山、荒坡、盐碱地等边际土地,通过合理挖掘土地潜力,大力发展高效农业、生态农业,可以在发展经济、促进农民增收的同时,进一步增强农业资源和环境的承载能力,发挥农业的环保功能。农村在新能源的使用开发上有着得天独厚的优势,农村在节能减排方面提升的空间也很大。在全国的村落之中,还散落着丰富多彩的乡土民俗和大量尚未开发的文化资源,保护和传承好这些生态文化,是中华五千年文明薪火相传和实现伟大复兴的"中国梦"不容推卸的使命。可以说,农业生态文明建设的成效,不仅事关农业农村的未来,还直接关系到我国生态文明全面建设的进程。只有农业生态文明建设取得实际效果,我国的生态文明建设才会有根本性的改变和质的突破。

三、乡村旅游成为热点,建设多村美景

2006 年文化和旅游部确定全国旅游主题为"2006 中国乡村游",要求各地旅游管理部门和各类旅游企业紧密结合本地旅游业发展实际,将"旅游产业促进社会主义新农村建设"作为旅游业发展的重要目标之一,研究制定切实可行的工作方案和措施,进一步加强旅游宣传和农业旅游、乡村旅游产品项目的开发,推动乡村旅游更快更好发展。

2007 年全国开展了"2007 中国和谐城乡游"活动,发挥旅游业在构建社会主义和谐社会、促进社会主义新农村建设中的作用,推动农村旅游深入发展,形成城市和农村旅游协调发展的局面。要求各地要结合本地区实际,围绕"和

谐城乡游"这一主题，研究制订工作方案和措施，进一步加强旅游产品开发和市场宣传，推动旅游业又好又快发展。可见，乡村旅游是旅游业的重要组成部分，随着中国城市经济的不断发展，我们更要促进乡村的发展，同时为城市居民提供向往乡村的空间和机会，既促进了乡村经济的发展，提高了人民的生活水平，也缓解了城市的压力，有利于社会和谐发展。

2007年文化和旅游部、农业农村部发出《关于大力推进全国乡村旅游发展的通知》，通知指出，围绕社会主义新农村建设的总体目标，充分发挥农业和旅游两个行业的优势，统筹安排，加强服务，因地制宜，分类指导，通过开展"百千万工程"建设，进一步推动乡村旅游发展，加快传统农业转型升级，促进农村生态和村容村貌改善，坚持农村实际和经济规律，加大乡村旅游扶持力度，做好乡村旅游调查研究和市场开拓，解决制约发展的瓶颈问题，积极探索乡村旅游发展模式。

2011年9月，全国发展休闲农业与乡村旅游工作会议召开，提出农业和旅游业都是对国家长期发展具有战略性意义的产业，促进两个产业共同发展，是提升农业现代化水平，推进社会主义新农村建设的重要抓手。发展休闲农业与乡村旅游，必须坚持以农民为本，使农民成为发展成果的最大受益者，让农民在发展过程中提高自己，成为有文化、懂经营、会管理的新型农民。

从《国务院关于加快发展旅游业的意见》到《国民旅游休闲纲要》，都表明人民群众的旅游休闲需求日益增长，促进旅游休闲产业健康发展，推进具有中国特色的国民旅游休闲体系建设刻不容缓。文件强调要实施乡村旅游富民工程，开展各具特色的农业观光和体验性旅游活动。在妥善保护自然生态、原居环境和历史文化遗存的前提下，合理利用民族村寨、古村古镇，建设特色景观旅游村镇，规范发展农家乐、休闲农庄等旅游产品。依托国家级文化、自然遗产地，打造有代表性的精品景区。积极发展休闲度假旅游，引导城市周边休闲度假带建设。还提出要推动旅游产品多样化发展，培育新的旅游消费热点。

2014年，《国务院关于促进旅游业改革发展的若干意见》的发布，是近年来国家推动旅游及休闲发展的又一重要举措。该文件指出，乡村旅游是我国休闲发展的三大重点领域之一。乡村旅游是国际通行的休闲重要领域，要求依托当地的区位条件、资源特色和市场需求，挖掘文化内涵，发挥生态优势，突出乡村特点，开发一批形式多样、特色鲜明的乡村旅游产品；要推动乡村旅游与新型城镇化有机结合，合理利用民族村寨、古村古镇，发展有历史记忆、地域特色、民族特点的旅游小镇，建设一批特色景观旅游名镇名村。

第二章 美丽乡村建设的理论基础

美丽乡村建设的理论基础并不是高深莫测的理论，相反，它应该是因地制宜的朴实通俗的理论。建设美丽乡村要与当地经济发展条件、地理地貌环境、地方的文化特色以及社会结构相结合。美丽乡村的建设包含着自然、经济和社会，不仅仅是一个美丽的外表，而是要提升村民的生活水平和生活质量。本章分为经济发展理论、生态环境理论、多元文化理论和和谐社会理论四部分。

第一节 经济发展理论

一、资源经济理论

美丽乡村建设作为全面建设小康社会的一个方面，是建立在较高生产力水平之上的。随着经济的不断发展，人类对资源的需求也不断增加，然而在工农业发展的过程中，人类在利用自然资源时的不合理开发造成了水土流失、土壤污染等环境问题。不但破坏了人类赖以生存的环境，而且对人类今后的生存发展构成了障碍。因此，人类在开发和利用不可再生的自然资源时，一定要做到适度开发，提高对资源的利用效率，考虑长远利益；在利用可再生的自然资源时，一定要避免掠夺性开发，以保证人类对可再生资源的可持续利用。资源经济学就是在人类不断思考人与自然的关系、认识和利用自然资源的过程中产生和发展起来的，可以为美丽乡村建设提供理论基础。

（一）土地报酬递减规律

土地报酬递减规律是指在一定技术水平下，保持其他要素投入量不变，增加一种可变要素而增加的报酬是递减的。对一个生产单位而言，土地面积是一定的，作为生产要素之一的土地是不变要素，其增加的报酬并不是土地变化带来的，而是可变要素的变化带来的，所以土地报酬递减规律其实是变动要素报酬递减规律。

土地报酬递减规律的前提条件是在一定技术水平下，即保持科学技术水平不变。我们不能把土地报酬递减规律绝对化，要考虑到在科学技术水平进步的条件下，土地报酬递减规律不一定成立。如果像马尔萨斯等人那样，认为在社会的长期发展过程中，技术进步也改变不了土地报酬递减的趋势，无疑是错误的。

可变要素投入前期其报酬有一个递增阶段，当可变要素超过一定限度其报酬才表现为递减。这是由生产要素投入比例的固定性决定的。在刚开始，可变要素投入量比较少，不变要素的潜力并没有充分发挥出来，这个时候表现为可变要素报酬的递增。随着可变要素的继续投入，可变要素和不变要素将达到一个最佳比例，这时如果继续投入可变要素，就会造成可变要素的过多投入，不变要素发挥的作用将会越来越小。所以，可变要素和不变要素之间达到一个合理的比例是非常重要的。

土地报酬递减规律也被称为收益递减规律，它不仅适用于土地，也适用于工业生产。一般定义为相对于其他不变的投入量而言，在一定的技术水平条件之下，增加某些投入量将使总产量增加，但是在某一点后，由于增加相同的投入量而增加的产出量会变得越来越少。随着投入的不断增加，增加的收益逐渐减少，这是由于新增加的同一数量的变量资源只能和越来越少的不变资源在一起发生作用。

当人类利用土地这一自然资源时，就必须在土地上投入劳动和资本。在单位面积土地上所投入的劳动和资本的多少称为土地集约度。随着人口的增加和经济不断地发展，人类对农产品等物质的需求会越来越多，而土地和其他资源的稀缺性也就会更加突出地表现出来。因此，人类必须对土地进行集约化经营，也就是增加对单位土地资源的投入量，以提高土地利用的集约化程度。

对土地应采取何种集约度，主要取决于当时农产品的社会需求情况、农业的技术水平和农业的投资能力，同时也要考虑到土地资源本身的肥力状况和生产能力，这包括了土地的质量、人地比例、土地的地理位置、周边的运输条件和利用土地可能获得的收益大小等。但是从经济学角度出发，对土地采取集约经营要有一定的限度，一旦超过这一限度会产生不利影响。集约度的最高限度被称为土地集约利用的集约边际，即某块土地在利用中的经济点，该点所用的资本和劳动的变量投入成本与其收益相等，超过这一点，新增的投入量得不到补偿；集约度的最高限度被称为土地集约利用的粗放边际，即在最佳条件下土地的产出只能补偿其生产成本，超过此点，再扩大生产用地也不能补偿其成本。因此，实施集约经营，要在这两个限度内选定合理的资源利用集约度。

我国是一个人多地少的国家，为了满足美丽乡村建设过程中对各种农产品及建设用地日益增长的需求，只能走集约利用的道路，依据土地报酬递减规律，优化土地资源配置，合理开发和利用土地资源，从而提高土地资源的利用效率。

（二）地租和地价理论

地租理论是资源经济学的一项重要的基础理论，它对于资源的综合经济评价和自然资源的合理开发利用具有重要的指导意义。狭义的地租是指使用土地所获得的超额报酬或收益；广义的地租是指超额的利润、工资、利息及利用各种生产要素所获得的超额报酬或收益。

地租是土地所有权的经济实现形式。地租不尽相同，在土地私有制下，地租指的是土地的所有者无偿占有土地的直接生产者所创造的剩余产品，是土地所有者剥削劳动者的一种方式。在土地公有制下，地租指的是国家从经济上管理土地的一种方式，是人民收入的一个重要组成部分。但在社会主义制度下的农业中，以土地好坏不同为条件的经济收益上的差别依然存在。耕种比较优等的土地所获得的较多的收益，形成土地级差收益。

地价是指土地需求者向土地所有者购买土地所有权所付出的价格。目前，我国通常所讲的地价是出让或者转让国有建设用地使用权的价格，是国家一次性出让若干年的国有建设用地使用权或者土地使用权人转让国有建设用地使用权所获得的收入，其本质是一次性收取的若干年的地租。

地租＝土地价格×银行利息率，土地资源价格由此制定，其他资源的价格亦是如此。对作为商品的自然资源的经济评价，其估价和计价的数额即等于利用资源时每年按年利计算支付的地租，也就是资源的价格。所以土地所有者在确定土地价格时主要考虑的是土地每年能给他带来多少地租。也就是说，如果他要出售自己的土地，他必然会考虑到土地卖出所取得的这笔地价款存入银行的年利息收入不少于原来每年的地租收入。如果年息收入低于地租收入，那么他宁肯不卖这块土地。而一般来说，随着社会经济的发展，各种形式的地租日趋增长，银行利息则日趋下降，因此地价一般呈现上涨的趋势。

（三）最优化理论

资源经济学是研究人们对于不同类型的资源采取什么样的利用原则以求获得最大净收益的问题，这就决定了最优化理论在资源经济学中起着重要的作用。

最优化理论是指一套在某些约束条件下如何寻求某些因素，以使某一（或某些）指标达到最优的定理的总称。人们对资源的分类和对各类资源特点的分析，只是确定了目标函数的形式和约束条件的构成，想要找出资源利用的正确原则，从而制定出合理的资源政策，还是需要靠最优化理论来解决。

资源是指社会经济活动中人力、物力和财力的总和，是社会经济发展的基本物质条件。随着社会经济的不断发展，人们的需求不断在增加，相对来说资源就会比较稀缺。所以，这就要求我们要对相对稀缺、有限的资源进行合理有效的配置，用最少的资源，创造出最大的效益。能否合理进行资源配置，会极大影响一个国家经济发展的成败，当然对美丽乡村的建设也具有极其重要的作用。一般来说，资源如果能够得到相对合理的配置，经济效益就会显著提高，经济就能充满活力；否则，经济效益就会明显低下，经济发展就会受到阻碍。美丽乡村的建设应该以资源经济理论为基础，优化资源配置，提高资源利用率。

二、经济环境理论

环境问题是随着人类经济的发展而逐渐引起关注的。如果人口数量很少，经济发展水平较低，则人类的经济活动对环境的影响就很弱，环境问题并不会给人类带来大的影响。随着科技水平的进步，人类的生产力水平突飞猛进，人口数量也急剧增加。人类对自然资源的索取量增加了，相应的对自然界的废物排放量也会随之增加。环境污染是人类目前所面临的环境问题之一。环境问题是人类社会经济发展造成的，单纯追求经济增长，忽视自然规律，当人类的经济活动超过了环境的承载力时，必将造成环境质量的恶化。环境质量的下降反过来会制约人类经济的发展，给人类带来巨大的经济损失。

（一）双赢原理

环境经济学是对经济发展与环境保护之间互相依存又彼此制约的关系进行研究。资源与环境经济学是指考察资源的优化配置和环境保护问题。资源与环境经济学的研究内容涵盖了环境经济学。环境经济学重点研究具有外部性的环境，偏重于静态的环境问题；而资源与环境经济学还要考察可以进行开发的自然资源的动态配置问题。

双赢原理是指决策者所指定的环境经济政策必须取得环境规律与经济规律的协同才能实现环境与经济的双赢。规律具有客观性、普遍性、稳定性、强制性和适应性等特点。它是事物本身发展的基本趋势和基本秩序。规则是用来规范人类行为的准则，包含道德伦理、规章制度、法律条例等。人类经过反复实践证明，只有顺应规律的规则才是发展的动力，偏离规律的规则往往会成为发展的阻力。同样我们可以得出只有同时顺应环境规律和经济规律的规则，才能取得环境与经济的双赢。

（二）状态转换原理

状态转换原理是指属于共有态的环境资源需要通过政府引导最大限度地进入市场态或公共态。在经济中，按照人类对物品的管理状态可大致将其分为下面几种：首先是市场态物品，是指由市场进行配置的物品，如衣服、食物、汽车等；其次是公共状态物品，是指人们不必付费便可使用，主要由政府提供，如国防、教育等；最后是共有态物品，是指由自然界提供的物品，如矿产、森林、土地等环境资源。其中市场态物品和公共状态物品同时具有可持续需求和可持续供给的特点，运行稳定。虽然共有态物品也具备可持续需求，但是由于人类的过度开发造成可持续供给力的缺乏。所以，为了解决环境问题，政府采取宏观调控政策，最大限度地将环境资源转入市场态或公共态，由市场或政府对其进行配置，从而避免共有地悲剧的发生。

（三）内在化原理

内在化原理是指市场的环境外部性要最大可能的内在化。外部性是指市场双方交易产生的福利结果超出了原先的市场范围，给市场外的其他人带来了影响。外部性有很多种，环境经济学产生的原因之一就是与环境有关的外部性，特别是负外部性的存在。在一些对环境产生的外部性的市场中，某些产品和服务的价值被低估（高估）了，是因为在市场价格中并没有体现出经济活动中环境的成本（收益）。例如，煤的成本包括建造矿井、开采煤炭、运输煤炭的费用，但其实还存在没有被包括的成本，如煤炭燃烧过后排放的二氧化碳对气候的破坏——冰盖的融化、海平面的上升、热岛效应加剧等全球变暖带来的负面影响；燃煤过程中产生的硫氧化物导致酸雨、酸雾对淡水湖和森林的破坏以及煤燃烧产生的粉尘使人们患呼吸系统疾病所引起的医疗费用。所以，煤的市场价格，其实远远低于使用它的成本。

因此，就必须将市场中对环境产生的外部性最大可能的内在化，从而补救这种情况。为企业、组织以及个人提供更多的对环境有正外部性的产品，减少对环境有负外部性的产品，将环境成本引入到价格之中。例如，可以在计算全球变暖、酸雨和空气污染的成本后，将其作为燃煤的一种税负，加入现行的价格中去；也可以对生产无氟冰箱的企业，进行环境研究、教育的单位进行补贴。这些经济措施都是为了能够鼓励市场活动中买卖双方能够改变理性选择，将生产和购买都更为接近社会最优的量，对外部性的偏差进行纠正，从而给环境带来好处。

(四) 环境生产力原理

环境生产力原理是指环境也是生产力。推动人类文明、社会进步以及经济发展的根本动力就是生产力，环境则是一种新型的生产力。随着社会的不断发展，人们对环境的要求越来越高，环境不但是经济发展的物质基础，而且对对外贸易和促进经济发展起着重要作用。

目前，我国的区域经济发展已经进入一个新的竞争阶段，其中最主要的就是以创造良好环境为中心的环境竞争。良好的环境可以作为区域对外的名片，能够吸引经济主体前来发展，良好的环境也能够体现区域竞争力。所以，就某一区域，尤其是致力于发展外向型经济的区域而言，环境是品牌，环境是效益，环境是竞争力，环境是实现可持续发展的持久动力，一言以蔽之，环境也是生产力。

三、循环经济理论

当前迫切需要用正确的理论和相应的技术进行必要的指导和支持，以确保农村经济科学、持续环保地发展，真正达到美丽乡村建设"让居民望得见山、看得见水、记得住乡愁"的要求，而循环经济理论和相应的技术则恰恰可以满足这一要求。

循环经济学关注资源耗竭和废弃物的排放，注重社会、经济和生态系统的统一，强调要节约资源，减少废弃物排放，实现资源循环使用。资源与环境经济学关注的是资源的有效配置以及如何在发展经济的同时保护环境。资源与环境经济学为循环经济学提供了部分理论基础。资源与环境经济学主要是在经济学的框架内探讨资源环境的优化配置，而循环经济学更多地依赖工业生态学和系统论的分析方法来研究问题。

循环经济学的核心是提高资源的利用效率。围绕这一核心思想，可具体化经济学研究的内容，将其分为生产、技术与制度三方面。在生产领域，它重点研究企业内部循环、企业之间的物质循环以及社会领域的资源回收利用；在技术范式层面，它抛弃传统的线性经济范式，重点研究"资源消费—产品—再生资源"闭环型物质流动模式；在制度和组织层面，它研究政府在循环经济中的职能，制定并有效实施促进循环经济发展的政策措施等内容；循环经济学不再关注传统经济学研究的单向线性经济，转而注重资源的循环利用，因此就需要适合循环经济的概念、理论和分析方法。循环经济学超越了传统经济学的线性模式，强调人与自然的和谐相处。它研究循环经济的内涵和外延，借鉴系统论等分析方法来分析经济主体之间的共生关系，揭示循环经济运动的内在规律，并讨论如何实现向循环经济转型。

循环经济遵循3R原则，第一，减量化原则（reduce），实现"九节一减"，即节地、节水、节种、节肥、节药、节电、节柴（节煤）、节油、节粮、减人，最大限度地节省农业投入成本；第二，再利用原则（reuse），对各类产品及其初加工后的副产品及有机废弃物进行再次加工、深度加工，从而不断增值；第三，再循环原则（recycle），是将农业生产中的废弃物、畜禽粪便、生活垃圾等，重新变成可以利用的资源，也就是变废为宝，将废物变成资源，再回到农业生态系统中去，减少最终处置。循环经济具有以下四个主要特征。

①循环经济的重要形式是生态工业。
②循环经济的重要手段是发展清洁生产。
③循环经济可以有效消除外部不经济现象。
④循环经济的技术载体是环境无害化或环境优化技术。

所以，在农村中循环经济指的是在农村基础设施建设、农村工业发展、农业生产经营过程中，通过政府财税政策鼓励，市场机制推动以及相关的技术推广，将资源开发、生产活动、产品消费以及废物处理的过程，得到循环使用和节约利用，从而改善农村的环境卫生，保护农村的自然景观，快速发展农村经济，持续推进生态建设，使农村经济与自然环境协调发展。

在建设美丽乡村的过程中，不应以环境污染、资源浪费、破坏生态为代价。应该遵循循环经济发展，保护环境坚持可持续发展，缓解我国经济高速增长与生态环境之间的矛盾，最终实现农村经济发展和环境保护两者的共赢。

四、区域经济理论

美丽乡村建设过程中，根据各个地区不同的自然资源情况、不同的人口分布情况、交通情况、技术水平等，进行不同的建设模式。通过区域经济学的研究，因地制宜制定出合理的政策与规划，将本区域的经济发展达到最优的效果。

区域经济学研究和揭示区域与经济之间相互作用的规律，主要研究的是市场经济条件下生产力的空间分布以及发展规律，从而探索出促进某一特定区域经济发展的途径和措施，以及如何在发挥各地区优势的基础上实现资源优化配置和提高区域整体经济效益，为政府公共决策提供理论依据和科学指导。

区域经济学中被大多数国家采纳的是不平衡发展理论、点轴开发理论以及网络开发理论。

①不平衡发展理论指的是经济部门或经济产业的不平衡发展，指出发展中国家应该将有限的资本和资源集中起来，优先发展少数"主导部门"，特别是"直接生产性活动"部门。

②点轴开发理论是指通过条件较好的少数地区和产业带动整个区域的经济发展。政府对条件较好的地区和产业采用集中投资的手段，将其发展成为经济增长极，然后周边的地区和其他产业受到增长极的激化和扩散效应的影响，逐渐发展起来。点轴开发理论中的"轴"指的是交通发展，只有不断完善交通干线的建设，通过人流和物流之间的连接，降低运输的成本，形成有利的区域条件和环境资本。

③网络开发理论是点轴开发理论的延伸，指的是在经济发展到一定阶段后，增长极和增长轴都不断扩大，在一个较大的区域会形成一个生产要素的流通网、交通网以及通信网。在此基础上生产要素的广度和密度不断增加，促进经济一体化，通过网络的不断延伸，将不断加强与其他区域经济网络的联系，在更大范围内，进行更多生产要素的合理配置和优化组合。该理论注重于缩小城乡差距，推进城乡一体化，促进城乡经济协调发展。

美丽乡村建设应以不平衡发展理论、点轴开发理论和网络开发理论为指导，在突出本区域比较优势的基础上，优先发展主导产业；同时，充分利用新型城镇化和城乡一体化等政策，实现区域经济的全面协调可持续发展。

第二节 生态环境理论

一、景观生态学理论

景观指某地的人造或自然景色，在自然等级系统中属于比生态系统高一级的层次。景观生态学将整个景观作为研究对象，对空间异质性的发展与维持进行强调，研究生态系统之间的相互作用，探索大区域生物群的保护与管理、环境资源的经营与管理以及人类对景观和景观分组的影响。

作为一门学科，景观生态学是在20世纪60年代在欧洲形成的。最早是对地理学和植物科学的综合研究，主要的研究内容是对土地的规划和决策。景观生态学直到20世纪80年代初才在北美受到重视，但迅速发展成为一门很有生气的学科。

乡村景观的建设不但受自然环境条件的制约，而且受到人类经营活动和策略的影响。不同的景观结构决定了景观具有不同的功能，嵌块体的大小、形状和如何配置其功能具有较大差异性。农村景观的多样性、景观的空间格局以及乡村地区的狭长地块，如河流、防护林带、道路的建设都会影响整个农村景观的美学和生态系统，被称作景观廊道效应。景观廊道效应又与农村的生态系统健康、农村生活的便利性以及农村的经济效益等息息相关。

景观多样性指的是景观单元在结构和功能方面的多样性，其研究内容包括斑块多样性、类型多样性和格局多样性三个方面。

（一）斑块多样性

斑块多样性指景观中斑块的数量、大小和斑块的形状的多样性与复杂性。斑块数量越多表明景观越破碎，系统生物的灭绝可能性越大，生态系统的功能越不稳定；斑块面积越大，物种的种类和数量也越多、生产力水平也越高，反之，则越少和越低；斑块形状对生物的扩散和动物的觅食以及物质能量的迁移具有重要影响，不同的生物对斑块边缘的宽度反应不同。

①环境资源斑块：由环境资源在空间上的异质性原理而产生，这类斑块相当稳定，与干扰无关，如沙漠中的绿洲、海洋中的岛屿等。

②干扰斑块：由基质内的局部干扰引起的，如森林采伐、草原过牧等，干扰斑块受干扰发生的频率、持续时间的长短以及影响范围的影响，会产生不同的生态效应特点，但通常来说干扰斑块具有周转率较高、持续时间较短的特点，也是消失较快的斑块。

③残存斑块：由基质受到广泛干扰后残留下来的部分未受干扰的小面积区域，其成因机制与干扰斑块正好相反，典型案例就是火烧后留下的小片植被区域。

④引进斑块：由人为活动将某些物种引进某一地区时所形成的斑块，它与干扰斑块类似，但其分布面广量大，遍及全球，影响深远，主要包括种植斑块和聚居斑块两大类。

（二）类型多样性

类型多样性指景观中类型的丰富度和复杂度。类型多样性可增加物种多样性，也可减少物种多样性，如在农田景观中增加森林斑块，可引入一些森林生境的物种，但一定面积的地区，景观类型过于多样往往又会破坏物种的生境。

（三）格局多样性

格局多样性指景观类型空间分布的多样性及各类型之间以及斑块与斑块之

间的空间关系和功能联系。景观类型的空间结构对生态过程有重要影响,它会影响区域生态系统的水循环、大气循环、碳氮循环,从而影响整个农村生态系统的功能。如连通性好的道路网对物质和能量的传递起到促进作用,但对生物的迁移和栖息却起到消极作用。

美丽乡村建设过程中,乡村景观要素的配置,应遵循格局多样性理论,使乡村景观成为一个良性的生态系统,保证其他子系统的稳定。

典型案例

黄龙新村位于长沙市东郊20千米处,黄花镇中心,区域面积8.7平方千米,21个村民组,966家农户,3 400人,曾先后被授予"全国精神文明建设先进村"等荣誉称号,2006年起被定为省、市、县三级共建的社会主义新农村示范村。按照区域整体化的生态学观点,遵循"生态环境"的设计原理,充分考虑本村自然环境的特点和现状,经过科学合理的规划,对村容村貌进行整治,对新村整体进行规划,包括对山、水、田、林等都要进行综合考虑、统一规划。在建设绿化村庄、净化庭院、硬化道路的同时也要对现有的古树名木、古建筑以及原生态的地形进行保护,充分优化村民的居住环境,达到示范性乡村景观模式。

二、人居环境科学理论

美丽乡村建设是中国新型城镇化工作的重要任务,加强对作为乡村文化内涵的传统人居哲学的理解与运用,有助于提高美丽乡村建设在改善乡村民生的基础上对历史文化内涵的传承作用。同时,通过对传统人居哲学在城乡规划思想与实践中的发展反思,指出其蕴含的"天人合一"理想和"山水田园"情怀在当前城镇化进程中有积极的现实意义。加强对传统人居哲学的认识是搞好美丽乡村建设的行动保证。

经济社会不断发展,有关乡村的基础设施和公共服务的建设也在不断完善,但与城市相比,人居环境建设还是明显落后。围绕"规划科学布局美、村容整洁环境美、创业增收生活美、乡风文明身心美"的目标,全面加强对农村人居环境的建设,从而加快建设美丽乡村的进程。

人居环境的建设不是单纯的建筑或城市问题,要全面考虑不同尺寸、层次的整个人类的聚居环境。人类的聚居环境指的是人力聚集或居住的生存环境,由五大部分组成,包括自然系统、人类系统、社会系统、居住系统、支撑系统。

①自然系统,是聚居产生并发挥其功能的基础,是人类安身立命之所,侧重于人居环境有关的自然系统机制、运行原理及理论和事件分析。

②人类系统,侧重于对物质的需求和与人的生理、心理、行为等有关的机制原理、理论的分析。

③社会系统,强调人居环境是人与人共处的居住环境,人居环境在地域和空间结构上要适应人与人的关系特点,最终的目标是促进整个社会的和谐幸福。

④居住系统,强调住房不能仅作为一种使用商品来看待,还要把它看成促进社会发展的一种强有力的工具。

⑤支撑系统,强调的是人居环境中的基础设施,包括公共服务体系、交通系统以及通信系统和物资规划等。

人居环境科学是以自然环境为基础,利用本来的自然条件,以人类居住需要为根本目的,创造一个与自然和谐统一、人与人方便、快捷、舒适地进行各种各样社会活动的人居环境,并且该环境对人的行为产生深远影响的科学。

人居环境科学研究的范围大到全球或一个国家,小到一个城市、一个社区或村落,甚至一座建筑。人居环境科学强调系统的整体性,由自然、人类、社会、建筑和网络等要素构成一个有机和谐的系统。

此外,乡村的建设模式是基于传统人居哲学的自然生长,以自下而上的群众默契,依靠每一个户主对于现有空间环境的理解以及对心目中人居理想的塑造共同完成的。聚居的观念和持续不断的建设,共同形成了乡村的最终形态。每一处的空间布局与环境营造,都是以个人对人居哲学的理解,进行的特定判断。它形成了乡村空间看似随性自由的布局特征,也形成了丰富而个性的人文内涵。

典型案例

大陈村位于浙江省江山市,始建于明永乐年间,距离江山市北部约10千米,大陈村东部开阔,北部、西北、南部三面环山,还有一条小溪像腰带一般环绕在山谷,此地可以说是上乘的"藏风、聚气"之地。村子坐落于山谷之中,村落具有"形局完整、山环水绕、负阴抱阳"之传统风水格局。数百年来,大陈村依山就势、院落规整有序、村野相互交融,形成有机生长、和谐共生的村落布局形态。

然而,随着工业化、城市化发展,大陈村面临着"塌陷"的危机,历史建筑得不到有效保护,有濒临损毁之趋势;旧村落空宅率较高,土地利用率低;传统空间格局遭到破坏,地方特色风貌逐步丧失;村庄公用设施缺乏,环境质量较差。

面对这些问题，村落整治规划者以人居环境科学的基本理念为指导，采取整治为主、有机更新、控制引导、和谐发展的方针，对村子现有的建设用地进行整合，延续村落的格局，保持地方的传统风格，在此基础上对村落内部的空间、建筑、道路等环境进行综合整治以及合理更新。

三、生态系统及服务功能理论

生态系统是指在一定空间内，生物成分和非生物成分通过物质的循环和能量的流动互相作用、互相依存而构成的一个生态学功能单位，是由生产者、消费者和分解者三大功能类群，以及非生物成分所组成的一个功能系统。生态平衡是指某一生态系统的生物与环境在长期适应过程中，生物与生物、生物与环境之间建立的相对稳定结构，有其相应功能的状态。生态平衡通常表现在：生态系统物质与能量输出、输入相互间保持着平衡；生物与生物、生物与环境间在结构上保持相对稳定与协调的比例关系；食物链物质循环和能量转化保持正常运行。这三方面的平衡即为生态系统物质与能量输出、输入平衡，结构平衡与功能平衡。当生态系统达到动态平衡最稳定状态的时候，它不但能够维持自己的正常功能，还能够进行自动调节，并能够在很大程度上对外来的干扰进行克服和消除，从而保持自身的稳定性。但是，生态系统的这种自我调节功能是有一定限度的。如果遭遇外来的干扰因素如火山喷发、火烧、人类活动的过度干扰等超过一定限度的时候，生态系统本身的自我调节能力就会受到损害，从而引起生态失调。

农业生态系统类似于自然生态系统，其基本组成也包括生物和非生物环境两大部分。但由于受到人类的参与和调控，农业生态系统的组分构成与自然生态系统不同，其生物是以人类驯化的农业生物为主，环境也包括了人工改造的环境部分生物组分。

农业生态系统的生物组分也可以分成以绿色植物为主的生产者、以动物为主的消费者和以微生物为主的分解者。然而，农业生态系统占据主要地位的生物是经过人工驯化的农业生物，包括各种大田作物、果树、蔬菜、家畜、养殖水产类、林木等，也包括农田杂草、病菌、虫等有害生物，更重要的是在农业生态系统的生物组分中还增加了最重要调节者和主体消费者——人类。由于人类有目的的选择和控制，农业生态系统中其他生物种类和数量一般较少，其生物多样性往往低于同地区的自然生态系统。

农业生态系统作为一种人工生态系统，其结构和功能受人类活动的影响很大，种植什么作物、养殖什么动物由人类决定。所以，人类对生态系统原理的认知、对生态系统健康的意识程度直接影响美丽乡村建设中农业生态系统能否良性发展。依据生态学原理,在挑选品种的时候选择抗病虫害能力强的,或者是采用多种农作物间作套种的方式,使作物之间形成一个互相制约的农业生态系统。另外在人为引进外来物种时,如果本地没有该物种的天敌,且自然环境十分适合其生长繁殖,那么该物种就会大量繁殖,破坏本地生态系统的内部平衡,引起生态灾难。典型的例子是人为将外来物种带入本地导致的物种入侵灾难——哈尼梯田"小龙虾引发的灾难"和中国东南海岸带互花米草的入侵。如果懂得生态学原理,就可以避免这物种入侵等生态问题。

典型案例

山东省平邑县卞桥镇蒋家庄弘毅生态农场充分利用生态学和生物多样性原理,创建"低投入、高产出、零排放"农业。弘毅生态农场先后完全告别了化肥、农药、农膜、除草剂、添加剂,坚持不使用转基因技术。

通过堆肥、深翻、人工除草配合生物除草、物理防治加上生物法防治病虫害等措施,利用生物的多样性和生态平衡原理,来实现粮食增产,多年来效果十分显著。

利用生态循环链,来实现种植和养殖的结合,在玉米生长的小喇叭口期放养鸡,等到玉米生长的大喇叭口期放养鹅,不仅玉米地的杂草可以被禽类控制,而且还能起到流动捕捉害虫、流动施肥的效果。

利用鸡、鸭、鹅、天敌昆虫、脉冲式杀虫灯、人工除草等多种病虫害防治的有效措施来控制农田虫害,完全摆脱农药、化肥、除草剂等对农田的污染,为作物创造健康的生长环境。

四、复合生态系统理论

复合生态系统是一个由社会、经济和自然环境等组分组成的整体,它是社会子系统、经济子系统和自然子系统耦合而成的复杂系统。自然子系统是区域发展的基础,各种形式的太阳能在自然系统内积累、循环和转化,为社会经济系统提供各种产品与服务,并容纳降解社会经济活动产生的各种废弃物;经济子系统是区域发展的动力,各种物质、资源、能量和信息在经济系统各部门间流通、加工和转化,为社会发展和人民生活提供各种现实的物质基础;社会子系统是区域发展的目的,即生活环境的改善、文教卫生的发展和生活质量的提高。就其特征而言,复合生态系统就是要充分运用整体、协调、循环再生的生态学原理,有意识、有目的地使社会、经济、环境三个子系统的转运功能相互协调、相互补充、相互利用，以获得最大的社会效益、经济效益和生态环境效益，从而实现复合生态系统的可持续发展。复合系统的可持续发展也是区域调控和管理的最终目标。复合生态系统发展的动力学机制来源于自然、经济和社会三种作用力。三种力的时空耦合导致不同层次复合生态系统特殊的运动轨迹和发展规律。

1981年，中国生态学家马世骏初次较系统地论述了社会与经济和自然生态系统的相互关系。1984年马世骏、王如松在《生态学报》上发表题为《社会—经济—自然复合生态系统》的文章，全面论述了"社会—经济—自然复合生态系统"的内涵，深入浅出地解释了社会、经济、自然三个子系统之间的关系。

时至今日，可持续发展的观念已经深入人心。可持续发展经济学立足"社会—经济—自然复合生态系统"，将经济发展与社会的可持续性的统一作为研究的主要内容。可持续发展经济学研究"社会—经济—自然复合生态系统"的结构、功能和运行状态，揭示可持续发展经济现象中普遍的和必然的规律，探索人类社会如何实现可持续的经济发展，从而实现生态效益、经济效益和社会效益的统一。

"社会—经济—自然复合生态系统"由自然系统、经济系统和社会系统三个次一级系统组成，通俗地说，即一个机器由三个大部组成。

①自然子系统：它是人的生存环境，可以用水、土、气、生、矿及其间的相互关系来描述，是人类赖以生存繁衍的基础。

②经济生态子系统：它以人类的物质能量代谢活动为主体。经济系统包括人类为自身生存和发展形成的生产系统；为了交换和流通形成的流通系统；为了消费和精神享受形成的消费系统；将无用物品归还生态系统的还原系统；进行调节控制的调控系统。

③社会生态子系统：人是社会的核心，人的观念、体制和文化构成复合生态系统。人的认知系统包括哲学、科学、技术等；体制是由社会组织、法规政策等形成的；文化是人在长期进化过程中形成的观念、伦理、信仰和文脉等。三足鼎立构成了社会生态子系统中的核心控制系统。

④自然、经济、社会三个子系统相互之间是相生相克、相辅相成的。农村亦是由农田、森林、河流等自然系统，农业经济、手工业经济、商业等经济系统，村中农民组成的社会系统共同组成的一个综合生态系统。

美丽乡村建设的实质就是将这三个子系统联结起来,使自然系统内部的物质和能量自由畅通,经济系统有序运转和收支达到平衡,社会系统达到和平共处、相辅相成、相得益彰、良性互动的和谐状态。

典型案例

白沙村位于浙江省临安区太湖源镇最北端、太湖水系南苕溪的源头,是距临安市区36千米,距杭州70千米的一个偏僻的小山村。全村面积8 019 300平方米,其中森林面积7 646 000平方米,占95.3%,森林覆盖率高达97%,耕地面积只有102 000平方米,占1.2%。全村地形以陡坡为主,平均海拔600米,平均坡度大于300度。几乎看不到平地,是典型的山区村。白沙村曾是远近闻名的贫困山村。民谣"白沙村,石头多,出门就爬坡,吃的六谷糊,住的箬竹屋"是该村贫困生活的真实写照。20世纪90年代以前,村民80%的收入来自"三木",即木材、木柴、木炭。1987年,村民人均纯收入仅为814元,年采伐量500立方米,陷入了"山光人穷"的恶性循环。

1998年开始,白沙村以协调发展(区域PRED系统,即人口、资源、环境、经济和社会系统中诸要素的和谐、合理、使总效益最优的发展)为原则,把整个村庄的自然、经济、社会看作一个系统,利用本地自然环境的优势,招商引资,开发旅游,并通过一系列的发展措施,最终提高了村子的经济发展水平,改善了生态环境,提高了人民生活质量,提高了人们对生活的满意度。白沙村的发展属于一种自然、经济、社会三个子系统协调发展的典型。

经济发展水平显著提高,人民生活质量明显改善。1998—2006年,白沙村村民人均收入从3 804元增长到9 526元,增加了1倍多。到2006年包括水电、有线电视、固定电话、手机信号、合作医疗在内的多个基础设施项目和社区服务都已建设完成。

生态环境明显改善。白沙村从20世纪90年代初开始护林种树,山林得到了休养生息。2006年白沙村的森林覆盖率达到97%,比1987年的90.4%增长了6.6个百分点。农业生产也主要转移到了非木质资源的利用上,笋干、山核桃等非木质林产品的种植面积大大增加。伴随着对森林资源保护的进行,白沙村的空气和水质得到改善,山上的野生动物数量也增多了。

人们生活满意度上升。据调查,白沙村村民对生活水平、治安状况、卫生状况三个方面的满意度在84%,幸福程度的满意度达到100%。

第三节 多元文化理论

一、多元一体

文化整体论与文化相对论的演化最好地诠释了文化人类学的发展进程。文化整体论强调的是多角度、多方位地研究人类文化的整体特质，包括研究与之相关的其他方面的行为，来探索人类的某一行为，注重的是将文化现象作为一个有内部联系的整体加以探讨。

文化相对论的基本论点是认为每一种文化都具有其独创性和充分的价值。因此，在研究每个民族的文化过程中，每个民族的文化都应该有象征自己民族特征的"文化核心"，任何一种行为都有只属于它的价值体系，没有一个是整个社会都适应的绝对价值标准。

传统文化是进行农村和谐社会文化建设的丰富宝藏，必须充分认识到乡村传统文化与现代城市文化的相互关系，避免任何随意的主观的改造或全盘否定。我们在对待传统乡村文化的态度上应该将其视作现代农村和谐社会文化建设的根基，应该保留乡村文化传统中的优秀成分，建设具有我国独特特点的乡村文化，并始终保持其旺盛的生命力和创新性。

作为一种哲学，文化相对论认为，每一种文化都会产生自己的价值体系，即是说人们的信仰和行为准则来自特定的社会环境。在文化相对论者看来，社会学和人类学用民族自我中心的偏见解释行为的理由是不充分的。不过，许多人都已认识到，完全中立和超然的观察也是不可能的。文化相对论认为，尽管各民族文化特征的表现形式有所不同，但它们的本质是共同的，其价值是相同的，即它们都能起到对内团结本民族、对外表现为一个整体的作用。大洋洲土著居民的文化在为大洋洲土著居民服务时，就像欧洲文化为欧洲人服务那样好。因此，他们也像功能学派的领导人、人类学家马利诺夫斯基一样，主张保存落后民族的固有文化，而不要用先进的文化去使他们发生变化。所以，文化相对论在指导乡村文化建设、保护农村原生态文化方面有着重要意义。

二、结构主义

结构主义者对政治和社会制度长期保有兴趣，他们关注的核心是"关系"，追求的是因果解释和普遍理论。以制度和政治本身为研究对象，追求因果解释，追求普适性的结论；以群体为研究对象，坚持整体主义传统；采用静态研究或者比较静态研究的方法。

在中国乡村治理中，结构主义研究是最繁荣的领域，原因有以下两个。

①社会学的结构功能主义对中国学术界的持续影响。

②国家和社会分析框架的引入以及在国家和社会分析框架中延伸出的国家建构理论的影响。

在结构主义传统下中国乡村治理的研究可以分为三类。

①国家建构理论。

②乡村治理结构本身的研究。

③以国家与社会为分析框架的研究。

结构主义的研究者认为在中国乡村治理结构或模式中的决定性因素是结构，主要是制度结构、政治结构、权力结构和文化结构等。过于关注结构的作用，忽视了行动的主观能动性和偶然因素的作用。只关注了群体，忽视了个人；只关注了共性，忽视了个性。所以，我们应该对结构主义影响下的研究结果保持警惕，认识到其不足之处，用人力资本理论来弥补解构主义的不足与缺陷。

三、功能意义

功能主义是20世纪20年代出现的一种人类学方法论主张。结构功能主义认为社会是具有一定结构或组织化手段的系统，社会的各个组成部分通过有序的方式是相互关联，共同对维护社会的整体发展。在理论上不重视行动个体，而是强调社会制度，大多数社会和文化现象都可以被认为是具有功能的，因为它们为维持整个社会结构做出了贡献。

综观人类社会发展的历史，文化不但具有引导社会发展的作用，而且对社会的规范、社会的凝聚力、推动社会发展有着重要作用。

（一）文化是社会变革的内燃机

人类社会不断发展、不断进步，当一种旧的制度、旧的体制无法运行下去的时候，新的制度、新的体制就会产生，而在新制度、新体制的建立过程中，文化起到了先导作用，一方面是对旧制度、旧体制的批判、否定以及超越，另一方面用新的价值理念为新制度、新体制的建立提供指导，给予精神支撑。因此，人类历史上新的制度战胜旧的制度，文化起到了内燃机的作用。

（二）文化是社会常态的调控器

社会在一定的秩序中稳定的运行发展就是社会常态的表现。因为社会是人的社会，每个人的自身素质、精神物质需求以及所处的环境都不是完全相同的，所以常态中的社会依然会存在人与社会、人与自然、人与人之间的矛盾。如果这些矛盾不能妥善解决，那么社会常态就会被打破。纵观人类社会的发展史，人们会通过各种各样的手段来解决这些问题，并且依靠文化的力量去解决这些矛盾是非常重要的。这是因为，文化因子存在于法律、道德、理想、礼俗、情操之中，这些文化因子能够使社会主体明白什么是能做的、什么是不能做的、什么是应该做的、什么是不应该做的。

所以，为了社会能够健康、有序、和谐、可持续发展，我们需要利用文化的凝聚、润滑、整合作用，去鼓励、教化民众，让人们心中充满正义、公平和真诚，以此来化解人与社会、人与自然、人与人之间的种种矛盾。

（三）文化是凝聚社会的黏合剂

文化属于精神范畴，它可以将语言或其他文化作为载体，从而形成一种社会文化环境。在人们的社会生活中起到同化作用，可以将人们的价值观、审美观、是非观、善恶观进行同化，为他们在认识、分析、处理问题方面提供类似的基本点，进而成为可以维系社会、民族生生不息的巨大力量。

（四）文化是经济发展的助推器

文化对经济的支撑作用主要表现在以下几个方面：首先，文化赋予经济发展以价值意义，社会文化的背景以及决策者的文化水平都会对选择怎样的经济制度、提出怎样的经济战略、制定怎样的经济政策产生影响，文化在一定程度上规定了经济的发展方向和方式；其次，文化赋予经济发展以极高的组织效能，人类不仅受到文化的熏陶，也能够进行文化输出，两者之间相互认同、相互感通，形成社会整体，文化是人类社会性的体现，促进社会主体之间的相互沟通，使经济生活和社会生活能够有序开展；最后文化赋予经济发展以更强的竞争力，经济活动先进文化因子越厚重，其产品的文化含量就越高，也将会带来更高的附加价值，从而在市场经济中的经济价值也就越高。

第四节 和谐社会理论

一、社会分层

社会分层是指社会成员、社会群体因社会资源占有不同而产生的层化或差异现象，尤其是指建立在法律规范基础上的制度化的社会差异体系。社会分层研究在社会学领域占据着极为重要的地位，其中马克思从阶级对立的角度出发，将整个社会成员分为统治阶级（剥削阶级）、资产阶级与被统治阶级（被剥削阶级）、无产阶级，阐释了最基本的社会地位和社会不平等形式。

"二战"以后，西方社会学中对社会分层的研究主要表现为对职业声望的测量。此外，西方马克思主义者认为，现代资本主义社会的阶级结构呈现出多元化趋势，出现了一个庞大的中间阶级，即所谓的管理者阶层。这个阶层没有资本，以从事脑力劳动为生，在社会发展中日益发挥着举足轻重的作用。他们研究的趣旨在于这个阶层的定义和归属问题。

社会分层关注的核心问题是社会资源及其分配规则，社会分层实际上是社会不平等的具体体现。自古以来人类社会都存在着社会分层现象，对社会分层进行研究的理论学家主要是研究怎样将社会群体收入差距和社会不公的程度表达出来，然后制定出一些措施来减少这样的不平，让人类社会变得更加平等和公正。

改革开放以后，随着政治、经济和其他相关政策的调整，中国社会分层结构发生了很大的变化。户籍身份限制的突破、单位性质的多样化、档案身份的不断改变、后天努力改变身份的渠道增多等，使从以"社会身份指标"来区分社会地位向以"非身份指标"来区分社会地位的方向转化；从计划经济时期的社会分层以政治分层转向了以经济分层；贫富差距的拉大使社会分层发生了新的变化，出现了明显的"社会断裂"，如城乡结构的断裂、生产与消费之间的断裂、文化的断裂、贫富分层断裂等。社会阶层出现分化，新阶层开始出现，改革开放以前中国阶级阶层的特征是"整体型社会聚合体"，主要是四个大的"社会聚合体"：农民、工人、干部和知识分子。

改革开放以后，随着体制改革和城市化，中国工人阶层已分化为三类——城市工人、农村工人和城市农民工；知识分子阶层地位发生变化；出现了个体户、私人企业主和受聘于外资、外企的管理技术人员等。中国社会阶层的多层次化，使收入分配制度和社会管理更加困难，也要求中国政府在制定相关制度和发展政策等方面更加精细化。

社会分层是发展过程中社会群体收入分化的重要表现，是社会分层理论对社会不平衡发展的抽象概括，社会分层理论可阐释社会不同阶层的特点，对国家和地方经济发展战略的制定、收入分配和调节政策的制定有着重要的指导意义。将社会分层理论运用到美丽乡村的文化事业的建设当中，例如，将不同的就业机会安排给不同社会层次的人群，对低收入水平的家庭给予技能培训，对家庭困难的子女给予助学资金支持。社会分层是美丽乡村建设的重要理论指导。

二、乡村人际关系的变迁

社会犹如一个机器，每个人相当于一个零件，这些零部件按照一定的规则组装起来，形成一个正常运转的机器。随着零部件的不断改进，这种联结关系也必然要发生变化。关于这种维持社会大机器正常运转的联结关系，社会学家将其分为不同类型，最经典的分类莫过于中国著名的社会学家费孝通先生从维持社会秩序的角度上把社会分成两个类别，即礼俗社会和法理社会。礼俗社会通常也被称为人治社会，费孝通先生认为人治易受误解，故将其称为礼治，礼治社会是指社会秩序依靠礼俗来维持的一种方式。法理社会即通常说的法治，即社会上人和人的关系是根据法律来维持的一种治世方式。

礼是社会公认的行为规范。合于礼指的是这些行为是做得对的，对就是合适的意思。如果单从行为规范这一点来说，和法律无异，法律也是一种行为规范。礼和法在维持规范的力量上是不同的，法律是靠国家的权力来推行的，国家是指政治的权力，在现代国家没有形成前，部落也是政治权力；礼却不需要这种有形的权力机构来维持，维持礼的是一种传统。

所谓传统就是社会积累的经验。满足社会中各份子的生活需要是社会的任务，而行为规范就是规范人们的行为去完成社会的任务。人们需要相互合作并采取一定的技术向环境获取资源才能满足人们的生活需要。这一套方法并不是由个人自行设计或者是临时聚集若干人加以谋划的，而是经过了一代又一代人的生活积累出来的生活方式，用前人研究出来的解决问题的方式，作为自己的生活指南。越是经过前代生活中证明有效的，也越值得保守。这种传统就是一种文化，任何时期、任何地点都有传统，只不过传统在不同的环境下的作用和效力不同。在人口很少流动的农业社会中，传统的重要性比现代社会要大很多。

社会的变化很快，传统的效力是无法保证的，一种在过去十分有效的生活方式，到了新的生活环境中可能就没有办法应付新的问题了。当需要进行团体合作才能解决问题的时候，就需要有个大家都能接受的办法，需要有一个力量来约束每一个人，使大家都能按照规定的办法解决问题。这就是法律，也就是所谓的法治。法治和礼治发生在两种不同的社会情态中。礼是传统，维持这种秩序的是整个社会历史。礼治社会并不能在变迁很快的时代中出现，这是农业文明时期乡土社会的特色。

农村城镇化不断推进，人口在城市和乡村之间来回流动，传统的中国农村不断发生变化，传统的礼俗社会也在逐渐减弱，用法律来维护社会秩序的时代已经来临。但是在农村由礼俗维持社会秩序的时间已久,即便是农民的法律意识在不断增强,乡土礼俗在维持农村社会秩序中仍然起着重要作用。礼和法成为美丽乡村"软件"建设的重要内容。

三、突破乡村"内卷化"的桎梏

农业内卷化是美国人类文化学家利福德格尔茨在他的著作《农业的内卷化:印度尼西亚生态变迁的过程》一书中借用美国人类学家戈登威泽描述一类文化模式时,用"内卷化"来描述爪哇岛农业而首次提出的新词"农业内卷化"。农业的内卷化是指将无数的劳动力投入到一定面积的农业种植,由于能够稳定地维持边际劳动生产率,更多劳动力的投入也并不导致明显的人均收入的下降,是一个自我发展、自我战胜的过程。农业内卷化实际上是通过自我发展使农村具有更高的承载力,容纳更多的人口。

爪哇人自己不可能转变成为资本经济的一部分,也不可能把已经普遍存在的集约化农业转变为外延性的农业。因为他们缺乏资本,没有能力剥离多余的劳动力,外加行政性的障碍,使他们不能跨越他们的边界(因为其余的土地上种满了咖啡树)。部分地区因种植甘蔗改善了灌溉条件,使单位面积的产量有所提高,在有限的水稻生产中投入无数的劳动力集中生产。1900年之后,旱作农业有所发展,但是人们的生活水平并没有得到明显的提高。水稻种植能够稳定维持边际劳动生产率,即使增加劳动力的投入也不会导致人均收入的明显下降,这样就间接将西方人进入后产生的多余人口几乎都吸收掉了。

中国传统农业实质上是典型的内卷化农业,由于交通信息技术落后,农民世世代代生活在一片土地上,年复一年地经营属于自己的有限土地,通过不断改进种植技术、改善田间管理、培育优良品种、精耕细作来提高农田单位面积产量,以养活不断增多的人口。工业化以前的农业内卷化现象是与当时的社会生产力相适应的,长期稳定地生活在一个地方,劳动人民创造出了一整套与环境相适应的耕作技术和社会文化。然而,工业革命以后,尤其是交通通信技术的发展和农业现代化以后,开放状态的农村农业环境条件下,农村、农业和农民面临更大范围的各种竞争,传统的内卷化农业和农村发展模式已不能适应工业化时代的发展要求,突破乡村内卷化的桎梏,克服保守、故步自封的思想,是打破美丽乡村建设瓶颈的关键所在。

典型案例

哈尔滨市香坊区朝阳镇前进村地处南郊,全村总面积 1 366 667 平方米,其中耕地面积653 333平方米，工业用地300 000平方米，宅基地面积43 333平方米。全村总人口1 580人，其中农业人口1 053人，总户数580户，其中农业人口420户。

该村利用城乡接合部的有利位置，结合本村实际，坚持走自己的路，确立了以工业园区建设为突破口、稳定种植业、开发畜牧业为主的多种经营和第三产业、大力发展立村企业、不断壮大集体经济实力的发展思路，使全村的经济及社会事业得到全面发展。2010年，全村社会总产值8.1亿元，其中，工业产值7.95亿元，工业利润859万元，人均收入8 120元，全村现有固定资产2 400万元。

为了加强农民的收入，壮大集体经济，前进村努力调整产业结构，转变发展观念，集中自身优势，在种植业、养殖业、商业、服务业、运输业等方面发挥各自特长，着眼于集体经济发展，凭借紧靠市区的优越地理位置、加快步伐，加强基础设施建设，加强服务，加大投入，为创建文明村奠定稳定的物质基础。为了给村办企业创造良好的发展环境，共规划了300 000平方米乡镇企业工业发展用地，先后投资近千万元用于村企的基础设施建设，村工业园区建有厂房85 000平方米，园区内修水泥油漆路15 000平方米，安装动力电源6 850千瓦，安装上下水管线3 000米，打电井6眼，安装国内直拨电话500多部。

第三章 乡村振兴现状与存在问题

厘清乡村原本的发展头绪，对现有的发展问题深入研究，了解现状，才能为后续实施乡村振兴战略奠定基础。乡村需要增强自己与城市的差距，从各个方面提升自己，吸引优秀的年轻人到乡村，为振兴乡村贡献自己的一分力量。本章分为乡村发展的四条线索、乡村发展的八大问题、乡村发展的提升内容三部分内容。

第一节 乡村发展的四条线索

一、产业线索

党的十一届三中全会的召开，使乡村发展进入了一个新的时期，家庭联产承包责任制的实行，让农民拥有了生产经营自主权，积极性也大大提高。乡镇企业的发展为农村和国家的经济提供了强有力的动力。

总体来看，1984 年至 1997 年，乡镇企业获得了爆发式发展。乡镇企业在中国农村遍地开花，经营范围以农产品加工、服装、纺织、酿酒等轻工业为主，同时涉及建筑、化工等重工业。据统计，乡镇企业工业增加值从 1984 年的 633 亿元增加到 1997 年的 18 914 亿元，14 年间增加了将近 30 倍，其中 1984 年、1987 年、1992 年、1993 年的增长速度均超过了 50%；1996 年，农村工业化共提供了 1.3 亿个工作机会，占农村就业的 1/3，农业剩余劳动力实现了"离土不离乡、进厂不进城"的转移。总之，在这一阶段，乡镇企业是我国工业发展的重要推动力量，在以国有企业为主导的双轨制经济体制下，成为市场轨道逻辑上的重要发展方向，甚至在一段时间内，乡村为国家经济发展提供了至少一半的支持。

随着民营企业的发展壮大，我国经济的提升，国家开始将经济发展重心转移到城市，乡村工业受到各种各样的挑战。社会资源由乡村转向城市，出现了一批科技园区、工业园区，工业企业，开始走向产业化，转型向重工业、高科技产业等方向发展。在成本、规模等方面都无法和城市相竞争的情况下，乡村的小型企业和加工企业等产业逐渐衰败，或是倒闭或是改制。城市开始成为国家经济发展的主力军，乡村与城市的差距也越来越大。

二、城市化线索

随着工业化进程的推进，我国城镇化步伐开始加速，城镇化率逐步增加，城乡结构发生了巨大变化。在各种政策的鼓励下，有着自身绝对优势的东部沿海地区打开了面向世界的大门，带动了出口工业的大规模兴起，大量农业剩余劳动力被吸引。东部沿海地区由原来"二一三"的产业格局向"二三一"转变，农业占比降到个位数。这一产业结构形态在乡村有非常明显的反应，原来的农田基本都盖起了厂房，农民的收入结构从农业经营收入转变为二、三产业工资收入、财产性收入等多元结构，农民的生活习惯也逐渐向"城市化"改变，农村的形态本质上已经呈现出了泛城市化现象。

东部经济发展持续推进，产业需要转型，一些劳动密集型的产业受到上升的资源成本等压力，开始转移到内地的一些中心城市和资源型城市，有了这些产业的支撑，这些地区的城镇化发展迈向新的台阶。一些乡村离城市较近，发展显著，那些离城市中心较远的乡村，则没有从城镇化中分得"一杯羹"。

城镇化使得城市的吸引力大大提高，很多农村的青壮年劳动力和人才都进入城市，他们来到城市读书、打工，还有一些人迁居到城市。但是，城市的这一虹吸效应也带来了一些问题，由于城市的规划不够完善，基础设施和公共服务建设并不健全，"农民工"问题凸显；而大量的人员流失使得农村缺少人去建设，逐渐衰落，"空心村"现象严重。

三、逆城镇化线索

大量人口和产业向城市聚集，给城市的快速发展提供了支撑，但随之而来的问题也越来越突出，污染严重、交通堵塞等城市问题出现，人们对于生活的观念也开始产生改变，更加追求健康、绿色的生活方式，逆城镇化趋势由此产生。而乡村绿色、美丽、健康的生态环境，正是越来越多城市人的最佳选择。

我国的城镇化与逆城镇化现象是同时进行的，有着以下几个特点。①随着乡村旅游和乡村度假养生的发展，游客在乡村停留的时间越来越长。由最初短暂的黄金周、周末游、城郊游，到后来随着休闲旅游逐渐成为主流，游客到乡村体验参与的需求日趋强烈，停留时间开始延长，一些游客乡居意愿强烈，长时间的乡居度假逐渐成为潮流。②随着我国老龄化的加剧，老年人成为去乡村养老的一个新群体。③城市居民来到乡村找寻新的创意生活，重新激发了乡村活力。④国家开始大力扶持乡村发展，出台了各种好的政策，鼓励返乡创业，这些返乡人员到乡村开发民宿、休闲农场、电商网购等创新业态，形成了乡村新的发展结构，成为乡村发展的主力军。而且这一人口流动还在逐年的快速增加中。

根据国家统计局官网相关统计数据显示，截至2018年末，我国乡村常住人口56 401万人，数量还相当庞大。未来我国农村人口的城镇化需求与城市人口的逆城镇化需求将同时发酵。乡村与城市将互动发展，形成城乡要素双向流动的新格局。在逆城镇化过程中，乡村也将逐渐发展成独立的结构。

四、政府推动线索

政府推动乡村发展的工作持续更新，1982年至1986年，政府连续5年下发以"三农"为主题的一号文件，支持农业农村发展。2000年前后，"三农"问题越来越明显，推进乡村发展的政策陆续出台。总的来说，这些举措主要集中在以下三方面：①中央财政直接通过拨款补贴的方式来支持乡村发展，对农业、教育医疗以及贫困人口予以补贴。另外，每年对农林水业务的支出预算也在增加。②"村村通"工程让很多乡村的道路、生活用水等基础设施建设都得到了很大改善，为乡村的发展奠定了基础。③通过乡村扶贫、乡村振兴等政策补偿和鼓励支持乡村，极大地支持了乡村在资源方面的导入和发展结构的建立。

政府的各项措施都发挥出了巨大的作用，乡村的基础设施、村容村貌、贫困状况都有了很大改观，乡村旅游的推进以及逆城镇化的趋势，为乡村的发展融入了新的动力。不过，相比于城市的各项条件，这些改观还远远落后，而且医疗、教育等方面还存在着显著差距，要想与城市互动发展，乡村还有很长一段路要走。

第二节 乡村发展的八大问题

一、"空心村"现象严重

随着我国新型城镇化进程的加快，以及工业化的发展，乡村"空心化"现象越来越普遍，并有加速蔓延的趋势。大量村民外出打工，家里主要是老人和儿童，很多耕地都没人种植，房屋闲置，乡村活力渐渐消失，尤其是在中西部地区的偏远乡村，这一现象尤其严重，对我国经济社会的长久发展以及国家粮食安全产生了极大的危害。

（一）空心化形成的原因

1. 城乡收入的差异大

农村的经济产业主要以种植业为主，产业结构单一，多是生产传统的粮食作物，而且收益也很不乐观，很多村民觉得留在村子里赚不到什么钱，没有前途，还不如外出打工。另外，随着人均可耕地的减少，大量劳动力闲置，只能转向提供更多工作岗位的大城市，而且进城务工能够获得比务农丰厚得多的收入，更加激励村民转向城市。

根据实际的走访调查，很多家里基本上剩下的都是老人和小孩，年轻的劳动力都到更加发达的地区去工作了。在走访的人家中，几乎每家都有 1 到 2 人外出打工，家庭成员基本上都有过外出务工的经历。虽然有一部分返乡的，多是暂时回乡休整一段时间，或者是家中的小孩还需要人照顾，等有了新的机会将再次外出，另外也有一部分是多年在外，现已年纪偏大，才返乡务农的。

2. 规划建设管理监督不完善

根据我国相关土地管理法的规定，农村村民实行"一户一宅制"，但很多村民几乎没有这一意识，不少人认为自家土地想建就可以建，也不用经过政府部门审批，而且村民们在新建住宅的同时，并不拆除旧住宅，而是继续使用或是闲置。而为什么不采取翻新旧住宅或者是推倒旧住宅重建的方式，村民表示，主要有几个原因：第一，翻新的方式繁杂，需要协调邻里的关系，比较麻烦，而且成本也高，翻新并不能节省多少成本，家里没那么多人帮忙翻新；第二，旧房子大都已经比较破旧，还不如重新建一栋新的，住起来更加舒适；第三，一些老房子是上两辈人辛辛苦苦建起来的，对老宅院恋恋不舍，不愿意拆；第四，更重要的是拥有两座房子肯定要比一座房子好，旧房子还可以用作储物间，存放不常用的东西。因此，很多村民占用了大量土地资源，导致浪费严重，在客观上为"空心村"的形成提供了滋生的土壤。

3. 农村原有的人居环境比城市差

农村原有的人居环境差，基础设施的不健全和不完善，也是导致村民外出务工或搬迁出村子的一个重要原因。

农村的医疗、教育、体育、文化等基础设施相对缺乏，教育设施跟不上，对提高科技文化水平和改善居民的素质有很大的阻碍作用。一些农村小学内的设施和师资力量非常有限，有的村民甚至不愿意将孩子送到村里的小学读书，而是就近送到县里读。另外因为缺少文化娱乐设施，如村图书室、文化活动室、体育休闲设施、老年活动室等，村民的日常生活比较单调，文化精神生活比较缺乏。平常无聊就只能打扑克、打麻将，或者是三三两两地聚在村子里的角落聊天，或者是简单地在家里看电视。

可以看出，一些农村的生活条件比较差，一是生活环境恶劣，二是缺乏相应的公共服务设施，导致村民的文化精神生活缺乏。而城市里的公共服务则比较健全，更能满足人的各种需要，生活环境也要比村庄较好一些。这些原因也促使村民外出务工谋生，远离村中无序、质量不高的生活。

（二）空心化带来的危害

1. 社会经济发展失衡

村中青壮年的流失，第一、二、三产业的欠发达状态，以及公共基础服务设施的缺乏等，这些因素结合起来就表现为农村的社会经济发展较滞后，经济发展动力不足，部分村庄总体的发展能力水平低下，这也是中国广大"空心村"普遍存在的问题。农村的空心化使其陷入了严重的恶性循环，即由人口流失—发展滞后—影响生活质量—人口再流失的再循环。

2. 人居环境恶劣

农村空心化的一个显著表现就是导致部分村庄面貌破败，对村容村貌产生了一定的负面影响，基础设施条件较差，随意倾倒垃圾，甚至焚烧垃圾，生活污水乱排放等，使得村内卫生条件较差，并对村民的身体健康和整体居住环境产生了极大影响，也阻碍了乡村的建设。

3. 村庄共同体认同感下降

农业经济的低收益与人居环境等问题使得很多人远离家乡，外出务工，农村出现大量留守老人和儿童，随之而来的是养老问题与留守儿童的教育问题。

留守老人在经济上虽然得到了子女的照顾,但在精神和生活上得到的交流少之又少,这对老人的身心健康极为不利。对于留守儿童来说,父母的亲自教育和陪伴在其成长过程中是非常重要的,父母长期不在身边,而是由爷爷奶奶隔代抚养,难免会出现代沟过大、沟通不良、溺爱等一系列问题,对青少年儿童的身心造成不良影响。

二、乡村产业生产经营模式落后

近些年,政府虽然一直引导乡村产业升级和多样化经营,但我国部分乡村的生产与经营模式还处于产业发展初期。以下分别从农业、工业、旅游服务业三个方面来分析。

(一)农业方面

在农业方面,大多数的农村都是以种植传统的农作物为主,生产方式也是使用传统的耕作技术,农作物是否能带来好的收益主要依赖自然条件的好坏,农民的生活都是"靠天吃饭"。多样化、规模化的生产结构还没有全面形成。订单农业、"企业+合作社+农户"等经营模式还需要大力推广,全产业链的经营模式还没有完全形成。

(二)工业方面

在工业方面,随着我国大力推进供给侧结构性改革,以及生态治国方略的落实,乡镇企业面临着改革升级的大问题,一些乡镇企业采用粗放经营的生产经营模式,技术含量较低,无法完成升级,一些产能低下,对环境破坏大的企业倒闭或被关停,乡村的工业发展缓慢。

(三)旅游服务业方面

在旅游服务业方面,乡村旅游产业面临着转型升级的问题,虽然旅游产业为乡村的经济发展提供了很大帮助,但是,普遍形势单一、缺乏创意、整体服务水平不高,阻碍了乡村旅游产业的壮大,因此急需升级,经营管理问题的改善也十分必要。总结我国目前乡村旅游经营管理方面的问题,主要表现在以下几方面。

1. 乡村旅游业生产要素的问题

乡村旅游生产要素问题,主要集中在三大方面:乡村基础设施相对落后、开发资金短缺、缺乏人力资源。这些要素极大地制约着乡村旅游的可持续发展。虽然政府对乡村基础设施建设加大了投入,也取得了一定成效,但作为要接受大量游客的旅游乡村，其基础设施相对薄弱，特别是卫生间、停车场这些人流量密集的场所，很难让游客满意，加之排污设施的不完善，卫生条件让人堪忧。乡村旅游的发展需要投入大量的资金，旅游的收益一般都较滞后，特别是偏远的地区，政府有限的资金要想快速适应乡村旅游发展的需要还很困难。在乡村旅游的经营管理中，管理人才是一项重要因素。大多数的经营人员都是当地村民，缺乏旅游市场营销知识和经营管理的相关知识，整体的知识水平不高，服务意识也不强，良莠不齐，对于乡村旅游的可持续发展有较大的影响。

2. 产品开发的问题

对于经营旅游的村民，他们大多数没有接受过专业的教育，对于市场信息以及需求不够了解，不能准确定位市场需要什么样的旅游产品。很多乡村都是借鉴其他旅游乡村的成果，盲目进行效仿，导致乡村旅游产品雷同，没有本地的特色，而且产品的质量也没有进行把控和划分，产品档次模糊。一些乡村的旅游产品形式过于单一，并没有得到深层次开发，没有展现出当地的风俗风貌，游玩价值不够高。游客多样化的要求不能得到满足，很多游客往往失望而归，乡村口碑和品牌也很难打响。

3. 体制与政策上的障碍因素

乡村旅游涉及的公共部门很多，包括旅游业、环保、农业、国土资源等，因此，乡村旅游的发展需要众多部门相互沟通协调，建立长期有效机制，多区域的乡村旅游行业协会也应该大力推进，促进各区域合作发展，区域联动，振兴乡村。但是，很多地区还没有跨区域的乡村旅游行业协会和建立起完善的协调机制，这是一方面。

另外，很多农家乐都是村民自己经营，缺乏专业的管理能力，一些农户得不到好的收益，便退出旅游业，使得一些城市人或外来投资者占据了主要地位，利益流向城市，乡村的收益大幅度降低。

4. 乡村旅游发展与城市化、商业化的冲突

乡村的人文风格和自然环境和城市大不相同，自然、古朴的乡村环境吸引着大批旅游者回归田园生活，享受乡村文化，这也是发展乡村旅游的主要动因。但是，现在很多乡村在开发旅游时，过度注重娱乐性，建高楼、建商业街。乡村自然环境的随意改变，必然会对旅游发展产生影响，过度的商业化和城市化，使得原始的自然特色景观失去了原有的美丽。

进行商业化旅游开发往往和维护乡村遗产的真实性有着各种各样的矛盾。乡村旅游开发有时会违背真实性原则，乡村遗产地商业化，总的来说，过度商

业化主要表现在以下四点。

①为了满足大量旅客的需求，过度开发景观遗产。

②为了获得可观的经济利益，景观遗产周边或者内部建设了物品商业贸易基地，进行大规模物品贸易，典型地表现出城镇化的特点。

③在景观遗产遗址周边建设一系列人工仿造的景观，从事各项经营活动，旅游经营指向都非常明确，使原有的景观环境高度商业化。

④各种纪念品、宣传招贴在乡村景观遗产区内到处兜售，景区内充斥着现代音乐，这些现象强化了遗产的商业化氛围。违背乡村遗产真实性的旅游开发活动包括：建设反映各种少数民族文化的"民俗村"；将一个地区所有分散孤立的景观遗产进行整体的搬迁，然后将这些遗产整合在一起，形成人工遗产博物馆或主题文化园；建造一部分以乡村为主题的公园；对已经毁坏的现今不存在的乡村景观进行典型的人工整体恢复；在旅游过程中特意为旅游者安排的各种民俗表演和民俗旅游体验。

三、乡村基础设施与公共服务建设尚不完善

美丽乡村建设行动使得乡村的公共基础设施和公共服务有了很大提升，但振兴乡村，乡村产业需要升级，农民的生活质量需要提高，由于没有大量资金投入等原因，暂时还无法完全满足这些要求。

综合来说，农村的供水、有线电视等设施的建设情况良好，但建设有污水集中处理设施的乡村还很少，农村医疗方面，总体情况虽大为改善，但老区、边区及少数民族地区的情况略差。乡村基础设施和公共服务设施的质量还有很大的提升空间。具体而言，可以从以下几方面来了解乡村基础设施有哪些不完善的地方。①乡村道路后期养护难。由于前期在建设乡村道路时，设置的标准不高，后期道路的养护工作是一大难点。如果道路遭到破坏，维修道路的资金来源也是一个问题。②用电问题多。如果遇到下暴雨或大风这样的恶劣天气，乡村停电的现象会比较多，相比于城市，乡村在用电的成本方面也很高。③用水质量低。很多乡村都没有统一的自来水，在生活用水的质量方面也得不到保证。④看病难。乡村的医疗水平有限，医疗设施也没有大城市齐全，农民遭受大病、重病时，一般都会选择去市里或者省会城市就医。⑤垃圾没有地方处理，乡村的垃圾处理设施建设不完善。⑥没有污水处理设施和站点。⑦很多乡村没有电商服务站。这些因素阻碍了乡村的人居环境的提高，制约着乡村的发展。而发展乡村基础设施面临的主要问题，可以从以下几方面进行探讨。

(一)基础设施配套不完善

乡村很多地方,农民在建造房屋时,不拆除原先的旧房屋。一些人为了模仿城市的小区建设,没有好好结合本地的实际情况,也没有好好规划,导致新建房屋分布散乱,失去了当地特色,旧的房屋闲置下来,土地资源得不到最大利用,浪费较大。虽然国家在农村小型基础设施建设上加大了投入,但是由于历史欠账较多,加上乡村本身的基础较差,底子薄,这些设施要想达到满足广大农民生产生活和小康建设的需要还很难。另外,我国水量分布不均衡,北方属于缺水地区,东部地区的一些乡村更是属于水质型缺水,集中供水显得尤为重要,相应设施的缺乏,让农村的用水安全得不到保障,一些地区的乡村饮水困难问题还十分严重。

(二)生态环境问题突出

生态环境有自我平衡的能力,但是随着乡村生产强度的加剧,大量的生活污水和废弃物已经超出了生态环境的平衡能力。农民住宅与畜禽圈舍混杂,生态环境卫生状况堪忧。很多乡村的排水设施和污水处理设施都没有集中规划建立,很多都是之前的老排水系统,已经满足不了现在的需求,污水顺着雨水进入附近的水体,造成河流、水塘污染,影响村容村貌及村民的居住环境,甚至直接威胁农民的身体健康。生产生活污水的随意排放,导致耕地受到不同程度的污染,极大破坏了农业的可持续发展和农村人居环境。

(三)浪费现象严重

乡村一些基础设施建设多是由一些部门分别负责,分别进行安排和管理,缺乏统一协调,一些设施在建设和管理上,不能实现相互配套,一些小项目的建设安排相对分散,无法统一进行监管,可能会出现项目重复建设的现象,造成浪费。另外,村民对公共服务设施的需求往往和政府部门不能达成有效的供给谈判,必将会导致农村公共资源在筹集和使用上产生差异,导致浪费。

(四)投入区域差别较大

按照传统,乡村的房屋都是村民自己建造,村内的公共设施也是因陋就简,一般都是靠募集资金来建设村路等公共设施。而农业带来的收入并不高,村集体的公共积累很少,投入的资金自然不够,基础设施建设十分滞后。乡村公共设施带来经济效益很少,想要获取社会资金投入很难,政府的财政投入也无法支撑乡村发展的长期需要,乡村的公共设施欠账严重。与城市相比较,乡村公共产品供给显得相对不足。

四、乡村发展缺乏人才

振兴乡村需要大量的人才来推进这一战略的实施，即使投入大量资金、建造更多更好的房子，没有足够的人才，也很难真正实现乡村振兴。目前乡村的人才多流向了城市，发展乡村缺少内动力，从根本上改善乡村衰败的现象很难。

受各种因素的影响，乡村懂文化、有技术的村民很多都转移到了城市，农村的常住人口逐年减少，留在村中的大多数都是老人和小孩，参与村民自治的热情不高，人才的缺乏，导致很难选出合适的村干部，大多数参与乡村事务管理的人员，其文化素质不是很高，无法满足现代化建设的需求，这在很大程度上影响乡村的稳定与发展。

五、乡村新的价值体系亟待搭建

乡村传统的价值观受到人口大规模流动以及社会原有的结构解体的影响，已经分裂，乡村老一辈人守护的宗族传统以及社会秩序得不到年轻人的认同，而"物质性"的价值观在部分乡村盛行开来，乡村的价值体系遭到了一定冲击。从乡村儿童教育看，乡村儿童多是和老人待在一起，父母都在外地务工，对于孩子的教育，老人没有意识或者是无力承担起儿童教育任务，只能在生活上给予照顾，父母则更是无法满足儿童基本的教育需求。

"物质性"的价值观表现在乡村的一些方面，正在将乡村可能的重建力量推向未知，亟待搭建全新的乡村价值体系。

六、乡村面源污染

我国经历了近30年的高速发展，城市环境保护已受到高度重视。但是，乡村社区的环境污染问题严重制约着农村地区的经济发展。乡村的环境污染问题已经成为重要的民生问题，进而影响农村地区居民生活品质、生态环境安全。因此，在发展乡村过程中，环境保护需要及早地被列入发展规划，防患于未然，实现乡村的绿色、可持续发展。

我国村庄、农民的数量十分庞大，不解决乡村生态环境问题，就会动摇"三农"的基础，也会妨碍发展的步伐。当前，我国乡村环境的现状与建设社会主义新农村、构建和谐社会的要求极不适应。由于受到工业"三废"、农业生产使用的化工产品及农村生活垃圾的污染，一些地方乡村生态环境逐年恶化。污染不仅影响农业的发展，对人居环境也产生了破坏，严重制约乡村的建设，亟待采取积极有效的措施加强防治。农村的面源污染给乡村的生态环境、人居环境造成了严重危害，成为乡村振兴战略实施的"拦路虎"。

（一）乡村环境面临的问题

1. 土壤肥力的下降

我国人均耕地很少，而且耕地的利用条件较差。部分耕地质量下降，土壤贫瘠化趋势较严重。土壤肥力下降主要有三方面的原因：水土流失、农田污染、有机质不能还田利用。水土流失主要是由于没有对耕地进行合理开垦，以及植被遭到了破坏，富含有机质等营养元素的表层土壤大量流失，使得土壤肥力下降。另外，长期使用化肥，使得土壤污染、结构破坏、肥力自然下降。

2. 乡镇企业的污染和资源浪费

乡镇企业虽然在一定程度上带动了乡村经济的发展，但是，很多乡镇企业对生态环境的保护不够重视，占用大量耕地，排放的废弃物也没有进行合理处理，直接排入自然环境，导致环境加剧恶化。

乡镇企业的生产技术相对较低，占用了大量资源，利用率也不高，在处理废弃物时，不能达到较高标准要求，特别是污水的排放，会严重影响地表水和地下水，水环境的恶化会严重制约乡村经济的可持续发展。

3. 农药、化肥和农业废弃物污染

农药、化肥的使用现已非常普遍，虽然国家现在严格把控农药和化肥的生产，禁用了一批农药，以降低对土壤的污染，但是污染的长期环境效应仍然存在。另外，一些化肥的使用率低，容易流失，对地表水体产生了污染。人畜粪便和秸秆等废弃物没有进行有效恰当的处理，对农村的水体和大气都造成了严重危害，给乡村人居环境也带来了影响。

（二）产生环境问题的原因

1. 经济发展水平低

乡村的基础设施相对滞后，产业发展水平还比较落后，给乡村的环境带来了很大压力。另外，乡村农业收益低，农民人均收入不高，自我发展能力弱，环境污染治理相对困难。

2. 环境保护缺乏充足的资金投入和政策支持

乡村对环境的保护意识较城市落后，没有建立生活污水、垃圾处理相应的设施，导致环境遭受污染，后续治理也没有足够的资金投入，加上缺乏政策的激励和吸引，回报率低，社会资金也不愿投入乡村，特别是一些经济水平很低的地区，环境治理的资金投入更少。

3. 环境保护和治理难度大

乡村环境治理的相关基础设施建设基本上处于空白，乡村环境问题分布广泛，历史遗留问题加之新问题多种多样，治理难度很大。现有的法律法规在乡村的实际操作上困难重重，很多乡镇没有专门的机构或者队伍来进行统一环保管理，主要是依靠村民自觉。

4. 对环境问题重视和社会关注度不够

现有的一些法律法规和政策等，在乡村环境治理上影响不够，村民大多没有接受很高的教育，缺乏环保意识，加上环保宣传教育不够，村民也没有防范污染的能力，环境问题的解决措施很难推进。

七、乡村治理机制不完善

加强乡村治理机制的完善和创新，构建适应社会发展新需求的治理体系，有助于乡村政治经济的发展。我国目前乡村治理机制方面主要存在以下问题。

（一）乡村治理缺乏相应的制度

随着我国农村社会的发展，乡村治理方面也取得了很大的成效，但是，相应的一些制度还不够完善，在复杂的乡村治理环境中，需要根据实际问题，健全有效保障机制，加强村民对自治权的意识，完善乡村治理制度。

（二）农民缺乏表达利益的机制

农民利益的表达主要依靠村委会，如果村委会倾向于行政化，农民合法权益遭受侵犯时，不能帮助维护农民的利益，那么农民的利益只能依靠自己来维护，加剧了农村的不稳定因素。成立维护农民权益的民间组织则显得十分必要，但是相关组织的成立难度大，因此，农民利益表达机制相对欠缺。

（三）村民自治运行中存在的问题

1. 村民自治运行中被形式化

在村民自治中，村民会议是最高的权利组织，村中的一些决策需要通过村民会议来进行确定，村民会议在村中的常设机构是村民代表会议，村民会议的行使职权由村民代表会议行使。但是在部分乡村，村民会议只是流于形式，仅仅成为摆设，没有发挥其真正的作用，村中重要的事情都由村委会裁决。很多村民也不清楚村民会议的重要性，民主监督权和议事决策权等权利被漠视，没有得到有效行使。而这一现象，大多数村民已经习惯。

2. 村民自治发展不平衡

根据相关制度规定，村民直接参与村中重要事务民主决策的主要形式是村民会议和村民代表会议。但是，村中重要事务的决策有很大随意性，往往只是少数人进行决定，受到主观意识的影响。村民参与自治大多只限于选举，村中的民主选举也是做得最好的，其他方面则没有得到重视，因此，村民将民主选举等同于民主自治，在民主自治上参与度不高。另外，村务的财务公开难度大，村务管理上还比较落后，还不能实现有效的民主化、程序化管理，监管机制也相对缺乏，规范起来难度大。综上所述，村民自治的发展还不够完善，要想达到完全的民主决策、民主管理和民主监督的目的，还有很多问题需要解决。

3. 村务、财务公开形式化

村务公开是村民进行民主监督的直接方式，财务公开是核心，这真实地体现了村民当家作主。国家对村务公开有着严格的要求，但是，实际工作中，很多村的村务公开没有按照要求严格去做，特别是财务的公开，和实际的要求还存在一些差距。有的村庄，村财务就是一本糊涂账。正是因为如此，村民的知情权和监督权得不到落实。村务公开形式化，乡村公示栏上的内容很多都不是很清晰，村民也往往看不明白，很多村民对此也不关心，这使得村务的公开更加形式化，不利于乡村良好发展。

4. 民主决策机制不健全

民主决策是村民自治的一项重要内容，我国很多乡村的民主决策目前并没有很好地得到运行，没有建立起一种实用、有效的民主决策机制。村内的一些事务多半是由村支书或村委会主任来决定，村民参与民主决策缺少明确的途径和方法，这使得整个乡村的民主自治不能有效实行，不健全的民主决策机制，阻碍了乡村民主政治的发展。

5. 民主监督制度不完善

民主监督是民主自治的生命，受到一些现实因素和各种问题的影响，一些乡村的民主监督工作往往不能完全展开，效率相对低下，甚至名不副实或徒有虚名。一些乡村在民主监督的方法和手段上也比较落后，村民的监督意识也不高，不能很好地适应快速变化的乡村经济社会，也滞后于农村基层民主政权建设的现实。因此，民主监督制度还有待完善。

（四）乡村治理体系与社会发展新需求不适应

随着新型城镇化与乡村改革步伐的加快，在社会、经济、人口、文化等方面乡村已经有了显著的变化，与带有强烈行政色彩的传统乡村治理体系不同的是，现代的乡村已经产生了很大改变。但是，部分乡村治理人员的素质不高，没有接受过高水平的教育，在乡村的治理理念上，缺乏以人为本的思想，而且没有较强的服务意识，对国家的新政策和新理念的了解不够快速准确，在实际治理中不能有效贯彻实施，使得各项政策的推进也大打折扣，治理效率较低。这使其不能很好地紧跟时代步伐，学习应用新技术，乡村治理模式和现代接轨也很困难，乡村体系不能适应社会发展的新需求，严重阻碍了乡村经济社会的发展。

八、"三农"融资困难

资金是农村发展的基础，长期以来，我国农村融资主要通过农村信用社等金融机构，渠道比较单一，供给的资金也很有限，因此，融资困难一直是制约农村发展的关键因素。中国社会科学院发布的《"三农"互联网金融蓝皮书》显示，从 2014 年之后，我国"三农"金融缺口超过 3 亿元。为解决资金问题，虽然政府在中央一号文件中强调"引导互联网金融、移动金融在农村规范发展"，但随着投资总额的增加，"三农"投资金额并没有明显增长，据中国普惠金融研究院发布的《中国普惠金融发展报告（2016）》，服务于"三农"和小微企业的贷款仅为 8% 左右。同时由于涉农的小微企业与农民往往没有可以抵押的资产，且农业汇款存在周期长、利润低、不确定性大等特点，其向正规渠道贷款具有较大难度。据《"三农"互联网金融蓝皮书》的调查，农村农户从正规途径获得贷款的比例只有 27%，超过 40% 有金融需求的农户难以获得贷款。资金的不到位严重阻碍了乡村发展的步伐。

第三节 乡村发展的提升内容

一、提升农业效益

乡村主要是以农业为主。习近平总书记指出，当前包括今后一段时期，我国农业农村政策改革和完善的主要方向是农业综合效益和竞争力。在市场环境下，和其他产业活动相比，农业往往需要大量投入，而且成本也很高，但是它的产出相对低，收益也很低，这极大影响着乡村的发展。因此，振兴乡村，必须以提升农业综合效益为基础，使之成为乡村发展的强大动力。提升农业综合效益主要包括经济效益、社会效益、生态效益三方面。

第一，经济效益的提升。自然环境对传统农业的生产影响很大，传统农业经营方式取得的效益并不高。因此，为了提高农业产出，增加农民收入，需要在耕作方式上进行改变创新，运用科技力量，提高农业现代化水平，经营方式采用土地集约化。另外，融合发展一、二、三产业，增加农产品附加值，使农业和其他产业的经济效益差距越来越小。

第二，社会效益的提升。在提升农业经济效益的基础上，优化改善乡村的社会结构和人口结构，使乡村和城市之间的互动发展结构得以建立，并得到稳定发展。

第三，生态效益的提升。人们对绿色食品的需求越来越大，无污染的有机食品得到越来越多人的喜爱，我国对化肥的大量使用已经对土壤产生了破坏，所以，应该提高乡村生态环境，加大治理力度，发展有机食品、绿色食品，确保农业的可持续发展。

二、提升人居环境

振兴乡村非常重要的一项任务是要对人居环境进行改善，让乡村成为美丽、适宜居住的地方。因此，对乡村环境的保护治理非常重要，处理好垃圾和工业废弃物，打造美丽、特色的环境，才能吸引更多的人才。乡村人居环境提升主要包括以下四方面。

第一，废弃物处理能力提升。很多乡村都有了集中供水设施，但是对于生活污水的排放和处理没有相应设施，也没有相关的管理制度，大多是随意排放。生活垃圾也没有统一投掷点，没有进行合理规划。长此以往，会形成污水沟和垃圾山，严重影响日常生活环境，对土壤和水质也会造成污染，因此，相关设施的建设非常必要，乡村废弃物处理的能力亟待提升。

第二，村容村貌的提升。建设乡村道路等硬环境的提升只是一方面，乡村特有的人文特征和乡土人情等软环境都应该得以体现。在乡村建筑的整治过程中，不能丢弃原有的乡村特色，反而要融入传统文化，突显出本村的特色。

第三，生态环境的提升。"看得见山，望得见水，记得住乡愁"是这一代都市人的梦想，最近几年，乡村的绿水青山已不是人们想象的那样，生态环境已经遭到了严重的破坏。因此，需要大力整治破坏原有山水格局的行为，治理污染，保护好生态系统，以提升乡村人居环境。

第四，管护长效机制的建立。近几年，虽然乡村在基础设施和村容村貌上都已经有所提升，但是后续的维护和管理还需要建立有效机制，动员广大村民，做好后续工作，保证乡村的人居环境能持续提升。

三、提升治理水平

改革开放以来，我国乡村的人口构成、社会结构等方面发生了很大变化，人们的观念也不同于以往，在乡村治理上，也应当与时俱进。乡村发展的首要任务就是要提升乡村的治理水平，其核心是健全自治、法治、德治相结合的乡村治理体系，具体表现在以下三方面。

第一，加强自治组织能力建设。村民参与自治的观念意识淡薄，大多是由于村民没有实际的监督权，很多需要村民参与的过程多是表现在形式上。因此，应该提高村民的自治意识，培养他们的能力，发挥出村民的作用，建立完善的自治组织。

第二，构建规范体系。加快乡村治理的现代化建设，要构建乡村基层政府、社会组织、自治组织、村民等广泛遵行的规范体系。多年的发展，乡村的各组织和构成等都有了很大的变化，一些法律条文规定的内容没有涉及的，在管理上就会产生混乱或者没有秩序，所以，亟须构建规范的体系。

第三，融入德治。在乡村这样一个熟人社会，道德的规范有着至关重要的作用，在乡村治理中融入德治，能够让村民的精神和行为都得到提高，从而有益于乡村治理的推进。

四、提升文化价值观

市场经济的浪潮使得"物质化"的价值观在城市流行，而这一价值观由外出的乡民带入了乡村，原有的乡村传统文化价值观被一些年轻人所抛弃，乡村精神文明的延续遭到了一定程度的阻碍。乡村文化价值观的提升主要包括以下两个方面。

第一，修复传统的价值观。数千年来，中华文明浓缩于乡村这一载体，形成了乡村传统的价值观。其定义了个人的社会责任，人与自然的关系、人与人的关系，乡村的互助保障系统等，即便从现代视角来看，很多内容仍具有学习、发扬的价值。因此，从传统价值观的修复与重塑开始，应该将乡村的基础打好，站稳脚跟，让民风民俗从本质上发生转变，从儿童开始，树立他们正确的价值观，并不断进行完善。

第二，建立现代价值体系。应当以传统的文化价值观为基础，以现代理念为补充，建立现代价值体系，让乡村的现代化建设，不仅体现在物质上，更要体现在精神上，让乡村更加有活力，保障乡村振兴战略的实施。

五、提升农民综合实力

在乡村的发展中，农民扮演着十分重要的角色，城乡均等化发展，必须以增加农民收入为重要前提。增加农民收入则需要从本质上提高农民的综合实力，主要包括经济基础、知识与能力、社会地位三方面。

第一，经济基础的提升。农民收入的来源主要为务农务工，收入结构相对单一。新时期国家加大了对农村的扶持力度，给予农民各种种粮补贴，并先后两次延长了农村土地的承包期限，保持土地承包关系稳定并长久不变。我国应该不断深化相关政策，丰富农民的收入结构，鼓励和支持承包大户，抓住机遇，提升农民的经济基础。

第二，知识与能力的提升。农民的知识结构较为单一，想要在激烈的市场竞争环境下立足，个人能力还有待提升。因此，要在农村文化基础设施上增加投入，积极开展各项培训活动，让农民了解国家最新政策；学习科学种植、科学养殖，提高他们的专业技能素质；开展普法教育，了解法律常识。让农民的知识储备和各项技能都有所提升，紧跟现代社会的脚步。不断提高农村人口素质，为乡村治理提供人才保证。

第三，社会地位的提升。乡村振兴的逐步实现，乡村居民或者是新农民将会成为一个全新的职业，成为用现代科学技术武装的、以市场为导向的现代职业群体，他们的社会地位也将从本质上得到提升。

六、提升公共服务水平

乡村美好生活的体现，最重要的是公共服务水平要有很高的质量。要想将乡村打造成人人向往的地方，就必须加强公共服务设施建设，在教育、医疗、文化等各个方面改善服务质量，主要包括以下四方面。

第一，公共服务政策的完善。基层乡村的公共服务设施建设大多是为了能在短期内出政绩而推出的，主要原因是公共服务的投入很大但是成效很慢。这一现象导致了乡村公共服务供给十分缺乏，政府应该制定相关政策，规范建设标准，以提高乡村的公共服务水平。

第二，乡村教育水平的提升。城市的各项条件相对优越，优质的教育资源大多流向了城市，乡村的教育水平逐渐降低，因此，在教育服务上，要严格把控质量，减小与城市的差距，应该提供各项福利，吸引更多的人才来到乡村，发展乡村的教育,提高乡村的教育水平。

第三,基本医疗服务的提升。乡村的医疗服务和城市有着很大差距,主要体现在医疗投入、资源分布、医疗水平等方面,乡村缺乏优秀的医疗人才,农民看病难、看病贵的问题突出,因此,要加大医疗设施的投入,通过各项举措吸引优秀的医疗人才,提升乡村医疗服务水平。

第四,社会保障体系的健全。医疗保障、养老保障、失业保障是社会保障体系的重要组成部分。虽然在国家的大力推进下,乡村社会保障体系已经得到很大改善,但是地域之间还存在着很大差异,从根本上解决医疗、养老等社会问题还很难,因此,应该在公平、持续性等方面进一步提升乡村保障体系。

第四章 乡村振兴与美丽乡村建设

乡村振兴是美丽乡村建设的升级,是实现乡村全面建成小康社会的重要内容。乡村建设要求在乡村深入调研与实践的基础上提出解决乡村建设的办法,通过合理规划、因地制宜来传承乡土文化、美化乡村环境、建设美丽乡村。本章分为乡村建设的多元视角、乡村建设应规避的问题、乡村建设中的基本原则、乡村建设中的"三大黄金法则"和乡村建设中的传统与创新五部分内容。

第一节 乡村建设的多元视角

一、古代文人墨客的诗意田园

古代文人墨客都有着归园田居的情结,不只是因为想要避世隐居,更是因为优美的乡村环境和闲适的乡村生活令人神往和憧憬。

"暧暧远人村,依依墟里烟。狗吠深巷中,鸡鸣桑树颠。户庭无尘杂,虚室有余闲。久在樊笼里,复得返自然。"这首诗选自晋代陶渊明的《归园田居》。诗句描写了乡村景色的优美恬静、田园生活的悠然自得,以及摆脱尘世羁留、重返自由的欣悦之情。陶渊明眼中的乡村集中体现一个"隐"字,着眼于人与自然的和谐融洽,侧重于道家人生观及价值取向,着力渲染隐居田园的逸乐氛围。自陶渊明始,"自然之美""淡泊之境""悠游之乐"这三重境界便成为乡村田园的意境。

"梅子金黄杏子肥,麦花雪白菜花稀。日长篱落无人过,惟有蜻蜓蛱蝶飞。"这是范成大《四时田园杂兴·其二》描写初夏江南乡村的诗句,这些诗句形象地展示了江南的田园风光、自然山水和农家生活。

自然美、隐逸美、闲适美是古代乡村的代名词,然而在不断追求现代化的过程中,中国乡村之美正面临瓦解殆尽的危险。让传统村落充分融入现代生活是中国乡村改造的必然趋势，而保持传统村落的原真性、乡土性，则是村落改造必须坚守的底线。诗意的乡村，应是一种充分挖掘乡土文化、还原乡野生活、恢复乡村魅力的诗情画意般的乡村田园生活，是一处真正的世外桃源。

二、现代都市人的梦里故园

对于快节奏、高压力、强负荷的都市人来说，在紧张疲惫的都市生活之外，漫步乡间、流连山野、躬耕田园总是具有独特的魅力。在经历了城市化、城镇化洗礼之后，城市居民的乡村情结越来越浓，乡村休闲旅游开始受到越来越多人的青睐，农家乐、采摘园、生态农庄、乡村民宿等逐渐成为城市近郊、家庭出游的首选。

区别于城市的快节奏生活，乡村中优美的田园风光和古朴的农耕生活更能满足城市人放松身心的需求。山水风光及田园耕作、古村落与古建筑、农耕器具与农耕文化、乡村民俗、特色小吃、传统民居、民间娱乐、村落遗产等独特的乡村资源，是吸引城市人来到乡村、体验乡村的核心。近年来越来越多的艺术家、建筑师、美学大家都投身到乡村建设事业中来，打造了一处处舒适、美好的乡村生活空间。推开窗就能看到满眼翠绿，深呼吸就能感受到草地的清香，走出去沿着青石小路就能感受到大自然带来的满足与安宁，这样的乡村，是每个都市人心中的梦里故园。

被誉为"2017第一网红"的知名美食博主李子柒，她的田园牧歌生活——在稻田里插秧，在竹林里挖笋，在荷塘里挖藕采莲，在森林里捡毛栗子、打核桃，在田地里收获大豆、紫薯和花生，在漫天风雪中吃着火锅，从镜头中时不时瞥见远处云遮雾绕的山峰，不禁令人感叹生活的美好、乡村的美丽。

三、农民安居乐业的美好家园

传统乡村聚落是古代先民集体智慧的结晶，在经历了漫长复杂的成长经历后，形成了独特的地域文化和聚落景观，已不单纯是村民的居住场所，还承载着村民的村规、民俗、记忆与悲欢，是一代代人"乡愁"的载体。但随着改革开放以来城镇化和工业化的推进及其带来的人口大迁徙，使得农村空心化、农业边缘化、农民老龄化等问题日益突出，农村人口持续减少、耕地撂荒、宅基地闲置、公共基础设施落后、民俗文化难以传承，乡村有衰退趋势。

将乡村还给农民，唤醒沉睡的乡村，留住乡村的青年，守护住根一样的家园，将乡村建设得更加美好，让农民回归到日思夜想的故乡，让年轻人回到乡村创业发展，让老人在乡村中能更好地安度晚年，让儿童在乡村中能得到更好的教育与父母的陪伴，让年轻人在乡村中有更好的发展前途，是乡村振兴的最终目标。

总之，乡村建设是一项庞杂的系统工作，首先应想清楚乡村建设的主体是谁，乡村建设为什么人服务，乡村建设过程中的核心问题有哪些，乡村建设完成后如何维护？除此之外，还应搞明白乡村建设能为乡村带来什么？为农民带来什么？乡村振兴战略下的新一轮乡建热潮，应时刻以可持续发展为出发点和基准点。

从"乡村建设运动"到"美丽乡村建设"再到"乡村振兴战略"，中国在乡村发展道路上不断探索与尝试，而现在的乡村振兴可以说是城市化、工业化后对乡村的反哺。

没有一个村庄可以被复制，任何人介入乡村建设工作都应该怀着尊重与敬畏之心，平衡好新与旧、传统与现代、乡俗与信仰之间的关系。随着社会各界对乡村发展的关注，"艺术家下乡""建筑师下乡""人才下乡潮"这样的报道屡见不鲜，大家都认为乡村建设中存在大量的机遇，一些村庄改造后被冠名"乡村实践案例""乡村实验室"，建成后为村庄引来了一批批的流量，但其被参观后农民能否受益？在改造的民居里生活是否舒适？过去习惯的生产、生活方式是否保留？这些都值得我们反思。无论是谁，在乡村建设这条道路上，首先要扎根于农村、向乡村去学习、向农民学习、与农民打成一片，坚持绿色循环的生态理念，保护农村的自然生态，传承农民的乡风民俗，激活乡村的历史文化，牢牢地守住建设底线，将浓浓的乡愁带到乡村建设工作中去，才能让乡村充满希望与活力！

第二节 乡村建设应规避的问题

一、大拆大建的形象工程

很多乡村在建设中前期调研不足、规划不足，改造建设偏离重点，照搬城市建设模式，最终在村庄里建设了很多大牌坊、大亭廊、大广场、大公园，脱离了乡村建设的实际，没有从村民的需求出发，没有从村民最迫切需要改善的生活基础设施着手。这样的乡村建设可谓造成了资源与资金的巨大浪费，对村庄本身的发展反而没有意义。

为了避免原生村庄自然环境、聚落空间及地域文化的丧失，必须规划先行，有章法、有顺序地进行乡建开发工作,要对乡村的实际情况进行摸底调研,分清先后主次,拒绝使用城市化建设的标准和建设手法去建设乡村,避免诸如硬质道路驳岸、城市草坪、种植修剪灌木、摆设花盆等这些后期维护成本较高的过度城市化的景观环境设计。没有了小桥流水、传统民俗的村庄不再是曾经的村庄,最后得到的就是千村一面。有的地方甚至把文化祠堂和名人宅院都统统拆掉,把历史文化传承搞得荡然无存,这种对生态的破坏、对人文的践踏,造成的后果难以估计。

乡村建设应注重保留村庄原始风貌,保持原有道路、排水沟渠线形,不大面积平整场地,尽可能在原有村庄形态上整治环境。要保护好村落周边的山、水、林、田、园、塘、渠、沟等乡村资源,努力做到不开山、不污水、不砍树、不削坡、不占田、不毁园、不填塘、不改路。

二、乡村建设缺乏合理规划

很多乡村建设由于政府缺乏资金,不愿意聘请专业的规划院、建筑院对村庄进行规划设计。乡村建设工作也是想到哪里干到哪里,没有建设标准和建设要求,只是简单地对民居建筑"穿衣戴帽",没有从建筑本身和村民生活最根本的需求出发,没有对农民的生活状态、经济状态、社会状态等方面进行调研,这样的乡村建设工作是不实际、不踏实的,最后的结果是资金并没有少投,但核心问题得不到解决,农村产业定位不清晰,村庄发展不见成效,农民不满意。

制定科学、合理的规划是确保乡村建设工作有序推进的基本保障,规划中需要因地制宜、认真调研、合理规划、分类指导。真正做到先规划后建设、高标准、高要求、控资金、讲落地,尊重村民的意愿,保留村庄的历史文化和格局风貌,少拆建、慎砍树、多保留,分期分类开发,循序渐进开展乡村建设工作,从环境整治、垃圾分类、污水改造、厕所升级入手,改变村庄的脏乱差现状,对村民进行宣传教育,提升农民的综合素质。

三、乡村建设缺少农民参与

乡村建设工作中,最核心、最重要的主体就是农民,有农民有生产的乡村才叫乡村。习近平总书记在全国实施乡村振兴战略工作推进会议上明确指示并强调:实行乡村振兴战略,是党的十九大做出的重大决策部署,是新时代做好"三农"工作的总抓手。习近平总书记强调:要尊重广大农民意愿,激发广大农民积极性、主动性、创造性,激活乡村振兴内生动力,让广大农民在乡村振兴中有更多获得感、幸福感、安全感。习近平总书记的指示充分表明,实施乡村振兴战略要始终把农民放在主体地位，要让农民真正参与其中，让农民"唱主角""当主演"。

乡村建设工作是一个复杂的系统，需要调动农民的主动性、积极性和创造性，农村建设好了，最终受益的还是农民。所以要发挥农民的内生动力，尊重并合理采纳农民的意见，让他们在乡村建设中从被动变为主动。

尽管美丽乡村建设使得乡村面貌发生很大变化，但是在实际操作过程中，很多地方政府往往从城市建设的视角对乡村进行规划建设。事实上，由于缺乏对乡村总体布局和环境配套服务功能的通盘考虑，在实施过程中通常搞大拆大建，硬化建设工程随处可见。

第三节　乡村建设中的基本原则

一、以富民为本

在乡村建设中农民为主体，要始终将农民的需求和利益放在首要位置，充分发挥农民的参与性，尊重农民的意愿。

加强乡村组织建设，推动乡村社会管理主体的多元化。要让乡村基层党委政府、乡镇企业及农民参与到乡村社会管理中，保障乡村建设的多元化管理，实现资源供给的多方位保障，使得乡村社会管理资源优化配置，鼓励农民积极参与乡村管理的事务，真正合理利用乡村资源，帮助农民找到致富之路，使乡村建设以农民为本，以农民的富裕为立足之本，服务于农民。广大的乡村居民是乡村建设的主体，也是乡村建设成果的受益主体和价值主体，要在乡村组织建设管理中，提高农民对乡村建设的认知水平，培养农民对乡村建设的责任感和参与意识。

美丽乡村建设要始终坚持发展生态农业，使乡村建设与乡村的经济发展协调共进，通过生态农业的建设与发展，把富民理念贯穿美丽乡村建设的全过程，走一条生活富裕、生态良好的乡村建设发展道路。

二、美化乡村景观

乡村景观是在乡土地域自然环境、气候、经济、文化、技术和宗法礼制共同作用的环境中生成、发展起来的，有着深厚的地域文化内涵。美丽乡村建设要坚持乡村各景观和谐共生的原则，要遵从乡村自然景观格局，创新发展乡村景观美学。深入挖掘乡村景观的美学和文化价值，结合新时代农村生活生产特点，充分利用乡土特色植物、材料和传统工艺技术，构建新的乡村美学理念，修复地域景观，保护、延续并提升乡村景观风貌。

加强乡村生态景观提升，运用兼具经济价值和景观价值的乡土植物，按照植物群属的结构组织特征，实现有机组合，营造适应四季变化的生态景观，优化乡村生态环境。同时乡村景观设计过程中需要充分考虑地方文化的保护，利用好筑堤、沟渠、砌石、自然驳岸等基础设施，优化景观效果，使其兼具生产服务价值与景观价值。要兼顾乡村基础建设与田园景观、林地环境保护的有机统一，尽可能减少对良好环境的破坏与干扰。

乡村建设要立足自然山水格局，传承、延续并创新发展地域文化景观特征，实现地脉、文脉、生态和景观格局的有效传承与可持续发展。

三、发扬乡村文化

乡村文化的发展要注意结合乡村特色的生态资源和人文资源，例如，乡土人情、文化古迹等，让乡村文脉资源融入美丽乡村建设，展现独特的美丽。乡村文化是几千年发展历史的沉淀，乡村优美的自然风光，悠然自得的田园生活，独具特色的民风民俗，纯朴的风土人情，都是中华民族多元乡村文化的完美体现。

结合乡村文化与民俗特色，在乡村建设中要充分融入、突出乡村的民俗风情和乡村特色。乡村文化遗产是一个乡村历史文化和精神寄托的载体，是乡村（尤其是传统村落）中最具特色的人文景观，乡村建设中应当充分发掘乡村历史文化、民风民俗、传统技艺等元素，保障好重要文化遗产、原乡民俗和文化休闲的用地，通过保护性修复或者场景再现的形式优化文化景观，形成具有乡村地域特征的地标性文化景观。

发扬乡村文化也是十九大提出的"二十字方针"的丰富乡村建设内涵、提升乡村振兴战略层次的乡村文化建设的"乡风文明"具体工作之一。乡村文化建设是一个系统性的工程，是推进生态农业的生产发展，提高农民生活水平，发扬乡村优秀传统文化，保护乡村物质和非物质文化，保护我国乡村的农耕文明、游牧文明，继承和发扬中华民族的优良传统。

在乡村文化建设过程中，要强化乡村的原生态文化传统，不要引入过多的现代化城市元素，坚持发扬乡村文化的原则。

四、优化乡村用地

乡村建设中要因地制宜，结合当地的地形地貌，在布局中禁止套用城市总体规划的布局模式，避免对村庄建设造成不必要的破坏和浪费。利用村庄自然线条，体现出地方特色。将山、水、湖、林和乡村有效地组织起来，为村民提供环境优美、舒适安宁的生活环境。对村庄中各类用地统筹考虑，规划好生活居住用地与生产建筑用地、农业用地及其他用地之间的关系，优化乡村空间布局，合理利用村庄各类用地。

要坚持集约利用乡村土地，因地制宜，有选择性地发展交通不便、人口较少、地理位置偏僻的山区乡村；限制发展基础设施和公共服务设施不高的基层乡村；重点发展乡镇、城市的中心村；优先发展乡政府所在乡村。通过对各个乡村环境承载力和环保要求的综合因素的考察，对乡村空间布局进行调整，对乡镇企业的产业布局合理安排，对乡村建设统一规划设计，实现对乡村用地的优化。

五、实现乡村生态发展

美丽乡村建设中，还要坚持生态发展的原则，强化乡村生态治理，实现乡村生态宜居目标。结合乡村的自然地理环境、乡村经济社会发展水平，切实保护乡村的生态环境和生态特色，实现绿色可持续的生态发展理念，加强乡村建设中的组织管理建设，加大对乡村生态建设发展的资金投入，完善乡村生态治理中基础设施的建设，推动乡村对水资源和耕地土壤质量的生态保护和治理，创造优美的乡村生态环境。

北京沈家营在美丽乡村建设中，坚持以"用垃圾装点村庄"为理念，用村民家中废弃的瓷片瓦块拼凑成各种宣传标语，展示在村落的大街小巷；村民中有人用空的易拉罐做成了漂亮的灯笼，悬挂在各家各户的大门口；也有人用村中废旧的轮胎做成花盆，再种上各种鲜花装饰乡间小路；还有人收集了村民用剩下的塑料瓶盖装饰自家的院墙。整个乡村中的这些废旧材料都被村民有效进行了二次利用，更重要的是这些装饰还美化了乡村的环境。

2008年汶川地震后，四川省的一些震后村庄需要进行新村重建。在乡村建设中，改变村民的生态环保理念，应用现代化的生态技术实现了乡村布局的生态化。沼气的运用就是一个很成功的例子，把村民家中的厕所、喂养牲畜的牲畜棚、村民家里的沼气池都互相连接起来，沼气被用来烧水、做饭，沼液、沼渣用作农民种庄稼的肥料。这样的生态布局，大大节省了村民每年生活所需的木材，降低了整个村庄中对森林资源的消耗，不仅提高了乡村卫生质量，还改善了乡村的生活环境，增加了经济效益。

总之，美丽乡村的建设要坚持以上的基本原则，不是简单地植树种花，不是简单地建设气派高大的门墙。从整体上看，乡村居民建筑与农田、河流等乡村自然景观要融为一体，交相辉映，达到人在村中、村在景中、景在画中的意境。乡村建设中要对村民居住用地、农业生产用地、工业用地等进行合理布局，整治空心村，减少土地浪费。美丽乡村布局要实现生态化，要建设节约型、循环型、环境友好型村庄。

第四节　乡村建设中的"三大黄金法则"

一、乡村建筑改造"表里如一"

（一）乡土性是乡村建筑改造的底线

在乡村建筑改造前，要坚守的唯一原则就是保留建筑的乡土性和原真性。在社会发展的进程中，乡土性逐渐被城市化的推进所淹没，成为许多地区普遍存在的问题，如果一味地追求用城市化的手法和现代建材对乡村进行改造，那么乡村建设就只剩下一具没有灵魂的躯壳，丧失了乡村建筑本身有的与天地、自然、环境水乳交融的意义，那样的建筑是不属于乡村的。

乡村建筑是组成村庄肌理的主体单元，是搭起乡村生活空间的重要构成，是乡村文化和乡风民俗的一种展现，民居建筑中承载了能代表地域建筑风格的各种符号，有着属于这个地域的文化基因，屋顶的样式、门楼的形式、窗棂的样式、墙面的材料、楼座的序列都展现着中国人的建筑智慧，在改造中要延续这种精神，向建筑智慧致敬，守住乡村建筑改造的底线。

（二）在传统与创新之间寻求平衡

乡村建筑改造过程中要注意保留乡村多年来沉淀的人文环境、乡村精神、价值观念和生产生活方式，发挥旧建筑新的功能和活力，让乡村的文化渗透到建筑中去，还原乡村原有的肌理面貌。

建筑改造的出发点要从尊重现状开始，尊重现有的建筑形式、建筑材料、建筑中的一砖一瓦都要作为尊重的对象。尊重在这个建筑中生活过的人、尊重这个建筑存在的空间和存在的时间，要怀着敬畏之心去做乡村建设，一旦疏忽，原有的乡村将面目全非，所以一定要谨慎介入乡建工作。

传统改造要坚持修旧如旧，就地重建，对老建筑进行"望闻问切"，从解决问题出发，发现老建筑需要"动刀"的位置，保留哪些？拆除哪些？扩大哪些？改造哪些？搞清楚后再做决定，当然，一切的改造以空间功能为导向，在解决空间功能问题后通过修旧如旧的方式去进行建筑立面的改造，以纯朴的、乡土的材料和手法去进行新与旧的嫁接，满足使用者的需求、与周边环境相协调、回归真实乡村田园生活状态是最终的目的。

需要深度改造的建筑或者创新重组的建筑需要艺术家的手和思维去改造，要对整体的建筑肌理、建筑语言、建筑空间、建筑动线、建筑风貌进行全面剖析，将原有的乡村建筑元素以现代的建筑语言和手法表现出来，得到类似人们所说的"混搭"效果带来的化学反应，在时尚中又有古朴的感觉，在古朴中又有现代建筑的影子，这样的建筑空间、采光、园林、景观、格局都有了新的生机，仿佛山水画中的诗意田园，每一处都透露出思考过的精细，透出生活的美学和哲学。

二、乡村景观与环境"和谐共生"

（一）乡村景观要以原生态为内核

坚持乡村景观的自然属性，就地取材，合理利用，重视与周边环境的协调性，追求乡土味、生活化和趣味性，采用遵循自然肌理的"点""线""面"的设计手法，是构建乡村景观框架的良好模式。在乡村景观的打造上要考虑与建筑风格、文化主题、地域特色相融合，利用点状景观的空间丰富性营造富有生机的环境主题，如一棵古树、一口古井、一座古桥、一块灵石等，通过合理的氛围营造，为整个环境点缀增色，因地制宜地选取材料作为景观的载体，如在北方可以大量运用石头、木头、卵石、土坯、铁艺等作为乡村景观的基础，在南方可以选择楠竹、石头、木材等材料作为乡村景观的载体，通过艺术化的造型和材质拼接创意，赋予其新的主题。

（二）营造丰富的"点""线""面"景观空间

"点"型空间要在场地内通过单体小品、景观、构筑的方式突出，如在院落内布置景观水井、石磨盘、车轱辘、农耕用具等农业生产工具进行景观氛围的营造，同时利用丰富的乡土植被进行空间营造，在藤架上可以利用丝瓜、葫芦、黄瓜、葡萄等蔬菜瓜果进行垂直点缀。

在乡村空间中，如在村口需要一个村标，可以通过牌坊、大型标识牌、景观立柱等作为景观符号；村庄里可以有若干休闲活动的节点，如村民的活动广场、休憩广场、景观广场等，通过雕塑小品的方式打造一系列能够进行宣传教育、具有当地文化特色、进行健康生活引导的主题景观，同时可以增设一系列休憩座椅、宣传栏、健身器械、文化雕塑小品等景观要素。

"线"型空间的打造要依托乡土植物，如绿篱等植被，营造出丰富的景观天际线，比如，在乡村道路两侧，种植适宜当地生长的景观行道树、景观绿篱、蔬菜果树、高粱水稻、麦子油菜等，以农田的整体韵律、果树的春华秋实、苗圃的郁郁葱葱、花卉的绚丽多姿构建景观氛围，同时通过高低错落、树形树姿、四季色彩的变化等，形成丰富的乡村田园景观。

"面"型空间可以是一处景观休憩节点，或者是村民活动广场，要留有足够的使用空间，满足聚会、活动、演艺等功能需求，是一处以人为核心"聚合"的空间，功能主题是让乡村文化、地方特色得以延续、保存，注重村民的参与性，给予丰富的活动休闲空间。

（三）乡村景观要植根于地域文化

乡村文化是整个乡村建设的核心，一切建筑、景观都要根植于地方文化，在乡村建筑的过程中突出文化的重要性，将文化渗透到生活、生产、生态当中，摒弃千村一面的建设现状，突出各个村庄民风民俗、劳作方式、饮食习惯的差异性，保持乡村文化的原真性和独特性。

挖掘每个村庄独特的历史文化和风土人情，使文化传承成为乡村发展的根本动力。乡村景观是乡村文化的一种很好的表达方式，从碎片化、艺术化、节点化的表达中勾起人们的文化记忆，在感受乡村生活和乡村文化的过程中，使人们对乡村再次形成一种认同感和归属感，既展现了新时代的全新需求，又为乡村建设的可持续发展提供了空间。

（四）艺术乡建引导村庄更有情怀

当艺术遇上乡村，两者之间会产生意想不到的效果。在艺术家的引导下，乡村如同一张画布，艺术家的画笔赋予乡村更多的惊喜，激发乡村更多的潜能和可能性，能将一个普通的村庄变成一个有诗意、有情怀的艺术村落。

艺术乡村和乡村艺术化是艺术和乡村互相渗透的两个方向，前者吸引更多的艺术家、创客聚集，以田园工作室、乡创艺术实验等方式开展，最终的目的是将乡村打造成一个艺术空间，后者是艺术家把自己的生活与乡村紧密结合起来，不仅仅是在乡村工作，更是在乡村居住、生活，将他们的创作与乡村环境紧密地结合在一起，自古文人雅士都喜归隐，都有浓郁的乡土情怀，可以说乡村是艺术创作灵感的源泉。艺术乡建既能给艺术工作者提供展现自我的平台，又能提供给他们创作的灵感，同时，艺术乡建也能优化农村产业结构，推动乡村文化建设，并加快农民脱贫致富。

（五）创意乡建让田园村落更有范儿

乡村因为建设发展的需要，主动吸引艺术家或者自发进行乡村的美化和改造在国内还并不多见，但是在乡村基础较好、艺术普及性强的国外和我国台湾地区，使用艺术范儿手段提升乡村的魅力和产业的价值，已经成为非常普遍的现象。

这一方式主要是通过艺术家的引导，让村民参与到"艺术乡村建设"中，主动改变乡村的村貌。例如，在我国台湾地区出现了很多彩绘村，很多本地居民自发地对乡村进行艺术改造。这些艺术改造最常见的形式是涂鸦——把乡村的墙面、地面全部涂上色彩鲜艳的图画，如彩虹、卡通肖像、吉祥年画，甚至放大的艺术字体等。虽然画作本身没有章法，作品相对比较质朴，但深受人们的喜爱。很多原本普通的乡村，在这种低成本、高成效的艺术加工之下，变成了如童话世界般的绚丽村庄，吸引了大量游客前来拍照、猎奇。

三、综合整治乡村"改头换面"

（一）建筑整治要做到分类分级

对村落建筑分类分级改造修缮，提升村庄的整体形象与面貌。整治初期应对现有村庄建筑数量、质量、高度、风貌进行综合整理分析，系统化提出建筑整治综合方案，避免大拆大建。从拆除危房建筑、保留建筑修缮、新建建筑形态几个方面出发，统一整治建筑的色彩、材质、造型等内容。在建筑的构建元素上要运用当地的建筑风格，如窗棂、屋檐、山墙、墙基等，适当的地方元素装饰将有助于展示乡村的风貌特征，新建建筑与保留建筑之间要有风貌关联性，避免城市化的建筑风格和建筑手法，做到建筑与环境协调一致。

（二）景观整治要突出乡土氛围

景观整治要突出乡土性和文化性，重点整治村口、活动广场、庭院环境、村庄卫生、村庄绿化、道路铺地、村容村貌等方面。村口景观是整个村庄的第一形象和文化展示窗口，应通过牌楼、大门、景观石、植被绿化、宣传标示等手法进一步强化村庄的主题风貌；村民活动广场是一个村庄文化、民风民俗、邻里交流的聚集地，是村民活动纳凉的最佳空间，应在广场上设置供村民游憩的亭廊座椅，同时在广场两侧增加村民活动宣传栏，展示村庄活动、健康知识、公共卫生、时政新闻等内容；村庄卫生要分类整治，合理设置垃圾箱、垃圾处理点及垃圾回收中心，定期给村民宣传垃圾分类的必要性，村委会设置管理监督小组，责任到人，明确分工，彻底解决村庄脏乱差的问题。

（三）道路整治要完善公共界面

对村庄主干道路与次干道路进行道路硬化，村庄步行小径要铺设鹅卵石或者毛石图案，扩宽道路两侧景观绿化，道路两侧增加公共服务设施，如路灯、座椅、垃圾箱、宣传牌、景观小品以及公共休憩空间，道路两侧种植具有乡土特色的植被花卉，行道树以遮阴的大乔木为主、搭配乔灌木形成丰富的道路景观。整治道路两侧的杂乱管线，避免破坏天际线景观。道路公共休闲空间应融入地方文化，以浮雕墙、雕塑小品、宣传牌的方式进行包装设计，休闲空间应设置满足村民游憩的休闲座椅和景观平台，完善乡村道路的功能性与层次性。

（四）河道整治要增强滨水体验

对村庄内的河道、水库、水塘、湖泊进行系统整治，从水体净化做起，对河道进行清淤改造。通过种植湿生植物、设置沉砂池、修筑拦水坝等方式，改善水质，提升防洪能力，满足亲水体验。在河道边设置三级滨水体验系统，岸堤设置滨水游憩栈道、骑行绿道和亲水木栈道，打造立体的滨水体验空间。滨水设置汀步、亲水平台、游船码头等设施。游船码头分类分级，一级码头以售票、咨询、商业、集散为主，二级码头以服务、休憩、商业为主。利用水资源开发游船体验、垂钓休闲、亲水游憩等水上旅游产品，丰富村民与游客的滨水体验。

第五节　乡村建设中的传统与创新

一、乡村建设中的传统建设

（一）乡村建设面貌

与城市相比，一直以来，我国大部分乡村地区的居民住宅较为分散，广场、道路等基础设施比较落后，老旧、危险的农房依然成片存在，河道水系的淤积断流现象比较严重。近几年来，随着美丽乡村建设的推广和深入，在各级政府的不懈努力下，乡村人居生态环境得到了一定的改善。总体来讲，随着城镇化建设的加快，老旧、危险的农房因各种征地拆迁而逐渐消失，乡村农房改造趋向于统一规划设计，居民住宅被集中安置。当前已建成了许多典型的乡村社区，如浙江省义乌市积极创新农房改造模式，形成了一套具有当地特色的经验做法，基本完成了区内乡村旧房拆除改造工作。

1. 河道水系的整治工作

目前，很多地方乡镇级政府也已着手开始河道水系的整治工作，主要涉及河道清淤疏浚和人工护岸建设等。例如，北京市采用生态清洁小流域综合治理模式，以小流域为单元，水源保护为中心，以溯源治污为突破口，在全面规划的基础上合理安排农、林、牧、副、渔各业用地，因地制宜地布设综合治理措施，从一家一户做起，全面推进生态村镇建设。

江苏省以县乡河道疏浚工程为重点，将疏浚整治和长效管理并行，实行"以奖代补"专项补助政策。尽管饮用水水质还有待进一步提高，但是很多乡村地区已实现了自来水的集中供应。随着自来水的安装入户，很多居民家中安装抽水马桶以取代原有的旱厕，且相应的污水管道也在逐步推广建设中，生活污水集中处理效率日益提高。其中，乡村生活污水处理的技术研究始于"九五"期间，当时，清华大学等单位在滇池流域污染治理项目中选用人工复合生态床、地下土壤渗滤、缺氧/好氧生物滤池等作为乡村生活污水处理的技术手段，前两项属于单纯的生态技术，最后一项属于单纯的生物技术。随后，在"十五""十一五""十二五"期间，结合"863计划"中太湖项目和多个区域或流域水专项的研究工作，乡村分散的生活污水处理又以多种组合工艺技术为主。这些工艺技术使得乡村生活污水排放得到了有效的控制。

2. 乡村景观建设

乡村绿化景观建设也取得了一定的进展，在实践过程中很多地区都积累了丰富的经验。北京地区的乡村经过绿化景观建设，使得原有乡村呈现出"村在林中、路在绿中、房在园中、人在景中"的状态。而上海则鼓励乡村住户在自家院落中种植蔬菜和果树等绿色植物。相比之下，浙江的乡村建设起步较早，从安吉乡村建设开始，已较为全面地涉及乡村道路、河道、院落、宅旁绿化和公共绿地的建设，为乡村居民提供了优美的乡村聚落景观和居住生活环境。乡村道路逐步得到硬质化修缮，尤其在中东部经济发达地区，几乎实现了村村通水泥路的状态。另外，乡村固体废弃垃圾收集与处理也逐渐得到落实和实施。

这些举措改变了传统乡村原有的雨天泥水路、污水靠蒸发、垃圾靠风刮等脏乱差的乡村环境面貌，2016年同期的乡村处理生活污水率接近10%。此外，

2017年国家投入约3.4万亿元用于乡村建设,截至2018年年底,我国常住人口城镇化率达到59.58%,预计到2035年,我国城镇化比例将达到70%以上,我国的城镇化率将接近或达到发达国家水平。然而,无论是新农村建设还是美丽乡村建设,乡村的环境和能源利用方面均很少受到关注,乡村节能降噪的问题急需得到重视和解决,相关工作的开展任重道远。

3. 乡村居民生活水平提高

美丽乡村建设改变了乡村现有自然环境和以农耕产业为主的风貌。在各级地方政府的积极行动下,乡村旅游业、生态农业、休闲农业、规模养殖等产业得到大力发展,打造出多个乡村品牌,拉长了产业链条,加快了产业集聚,改善了乡村居民的生活水平。在农业开发方面,现代农业、特色农业的深入发展使得乡村经济水平得到提升,为乡村面貌焕新及其开发建设提供了经济基础,带动了乡村人文精神文化的发展,使得乡村居民生活生产心态更加积极向上。

(二)乡村建设的典型模式

近几年来,各级政府采取一系列行动大力开展美丽乡村建设,并已取得阶段性的成果。乡村面貌总体上获得改善,服务功能全面优化,农民主体地位提高,农业增产,农民增收,城乡差距逐渐缩小,广大农民群众切实体会到了幸福感,涌现出一批乡村建设典型模式。2014年农业农村部发布美丽乡村创建的十大模式,分别是产业发展型模式、生态保护型模式、城郊集约型模式、社会综合治理型模式、文化传承型模式、渔业开发型模式、草原牧场型模式、环境整治型模式、休闲旅游型模式和高效农业型模式。

1. 产业发展型模式

乡村建设中的产业发展型模式,主要是针对东部沿海等经济相对发达的地区。这些地区有发展基础较好的乡镇企业和农民合作社,农业产业化发展水平较高、产业特色明显且规模化经营,乡镇企业能够带动这些地区的经济发展,初步形成"一村一品""一乡一业"。产业发展型模式的典型包括江苏省张家港市南丰镇永联村、北京市门头沟区妙峰山镇樱桃沟村等。

2. 生态保护型模式

该类型模式主要集中在环境污染少、生态优美的地区。这些地区的乡村自然条件优越,有丰富的水资源和森林资源等,乡村中保存着完整的传统田园风光和古朴的乡村特色,生态环境优势助推经济发展的潜力巨大。例如,2012年荣获我国首个"联合国人居奖"的浙江省安吉县,该县从2003年开始"生态立县"

的战略规划，严格保护生态资源，引导全民积极参与建设绿色生态城市，安吉县也是以森林覆盖率71%、植被覆盖率75%而著称的天然氧吧，安吉县也成为全球竹子生产和技术方面的领导者，给当地的农民提供了自主创业和就业的机会，积极开展乡村生态农业，在美丽乡村建设的过程中，推进安吉县生态建设和经济文化建设。

3. 城郊集约型模式

乡村建设中的该类型模式主要分布在大中城市郊区。这些地区距离大中城市近，交通便捷，经济条件、各种基础设施和公共设施完善，农业产业的集约化、规模化水平较高，农民可以提供给周边大中城市重要的粮食、蔬菜水果等农产品，因此农民的收入水平也相对较高。例如，北京周边的乡村，好多都以设施农业作为发展重点，乡镇规划中大力提倡农民种植蔬菜，通过政府行为建立了田间学校和蔬菜批发市场，推动整个乡镇的蔬菜种植专业规模化，充分利用了土地资源，同时也使农民的收入增加，提高了农民的生活水平。

4. 社会综合治理型模式

这一模式的主要特点是地理位置条件好，基础设施相对完善，经济基础强，且带动作用较大。该类型模式主要分布在人数较多、规模较大、居住较集中的村镇。其典型如吉林省松原市扶余市弓棚子镇广发村。

5. 文化传承型模式

乡村建设中的文化传承型模式，主要是针对乡村文化资源丰富、具有特殊的人文景观（古建筑、古村落、古民居）、独特的民俗文化和非物质文化遗产的地区。例如，浙江永嘉县针对散落在楠溪江畔的220个被称为"中国乡土文化史书库"的古村落，出台了一系列的文物保护政策，引导这些居民向城镇迁移，以便能够更好地保护和传承文化村落文明。依托楠溪江优秀的自然资源和人文资源，大力开发打造美丽乡村生态旅游业，促进当地经济发展。另外，河南省洛阳市孟津县平乐镇平乐村，也是文化传承型模式的典范。

6. 渔业开发型模式

该类型模式主要分布在沿海和水网地区的传统渔区。这些地区的产业就是以渔业为主，通过发展渔业促进就业，增加渔民收入，繁荣农村经济。如我国沿海地区的农民世世代代都是靠海吃海，渔业在经济中占据了主导地位。

7. 草原牧场型模式

草原牧场型模式主要针对牧区经济发展产业以草原畜牧业为主的牧区、半牧区的县（旗、市），牧民收入的主要来源也是草原畜牧业。内蒙古的道海嘎查是开展美丽乡村的一个典型，通过推广标准化养殖及特种养殖，走上了养殖规模化和标准化的道路，积极引导农牧民走合作发展之路，形成了独具草原特色、民族风情的草原发展模式。

8. 环境整治型模式

该类型模式主要分布在农村脏乱差问题突出的地区，农村的基础设施建设落后，农民的文化水平不高，还有严重的环境污染问题，对这些地区就要首先进行环境整治。广西恭城瑶族自治县莲花镇红岩村经过生态乡村建设和城乡风貌改造，形成了自然环境、山水风光优美的乡村旅游模范村。

9. 休闲旅游型模式

该类型模式主要分布在适宜发展乡村旅游的地区，这些地区的旅游资源丰富，交通便捷，非常适合久居城市中的人休闲度假。其典型如江西省婺源县江湾镇、南京市江宁区石塘村、贵州省兴义市万峰林街道纳灰村。

10. 高效农业型模式

该类型模式主要分布在我国的农业主产区，这些地区是以农业作物为主，农田水利等农业基础设施相对完善，农业机械化水平高。其典型如福建省漳州市平和县三坪村。

二、乡村建设中的创新途径

社会转型在推动乡村社会发生变迁的同时，亦使乡村社会管理机制实践的社会基础与组织基础都随之发生了变化。乡村建设中的创新，首先要从管理机制上创新，建立党政机关和农民共同进行管理的多元化乡村建设管理机制，调动全社会的力量，积极促进美丽乡村建设的新途径。

①夯实乡村振兴经济基础。乡村建设中，要加大发展乡村经济，才能稳定乡村的社会管理，加快乡村产业经济的转型发展，才能稳固乡村经济基础。乡村各级党委政府要和农民一起谋求发展，充分利用本地区的特色优势，寻求适合本地区的产业发展模式，引导农民走产业规模化发展之路，积极调整产业结构，提倡农民自主产业化创业，政府应加大支持力度，引进新的资金、新的项目，形成工业反哺农业、城市反哺乡村机制，在乡村建设中强化科学技术的创新应用，解决乡村劳动力的就业问题，增加农民的收入，提高农民的生活水平，维护乡村社会的稳定发展，共同打造和谐的社会环境。

②加强思想道德建设。乡村建设中,要注重村民的思想道德建设,加强乡村法治教育建设,构建村民法治建设和思想道德建设的双重建设体系,迎合美丽乡村建设的多元化结构,促进乡村文化的繁荣兴盛。邓小平指出,制度问题"更带有根本性、全局性、稳定性和长期性"。因此要深入开展乡村文明行动,注重幸福家庭建设、乡村邻里互帮互助意识,形成健康向上的乡村精神风貌,同时要发扬中华民族的优秀传统文化,把文化建设贯穿到村民的生产生活中。

③改善农村环境条件,构建和谐的人居环境。乡村建设要集中整治环境,针对农村化肥农药的使用对环境的污染、农村垃圾的处置、农村的饮食安全和社会治安等突出问题,要因地制宜地提出治理方案,大力改善乡村的基础设施,推进乡村道路设施、电力设施、环境卫生一体化、教育及村民住房等建设,加快对乡村公共服务的完善,持续改进乡村环境建设,建立和谐的乡村人居环境,打造优美的乡村生态环境,保护乡村良好的原生态环境。

④在网络信息化时代,大数据在乡村建设中的创新应用。乡村建设中,积极构建大数据信息网络,把乡村治理有关的各个主体、乡村的生产生活中的数据信息都反映到大数据的收集、分析中,使政府部门具有更强、更快的决策力、洞察力和应变处置方案和预案,及时快速地提高应急反应能力,从而客观准确地了解村民的诉求,在乡村治理现代化的能力和水平方面得到提升,从而提高乡村治理能力的现代化和服务能力的精准化、个性化。

最新的信息化手段必将给乡村治理现代化带来新的变化。大数据在乡村治理现代化中的应用目前主要体现在以下几个方面:用大数据技术建设美丽乡村,可以全面掌握和了解乡村发展动态、村民的情况和意愿,为作出公开透明的乡村社会管理决策提供依据,建设适合居住的现代化新农村。大数据对于提高农民收入、发展乡村经济具有革命性的意义;通过大数据随机抽查监督,促进了社会治理和行政服务方式的创新和延伸;可以利用大数据建立乡村政务云平台。开展以大数据为基础的乡村电子政务公共服务平台的设计,建设集中统一的具有决策、预警机制的乡村电子政务云平台,为乡村提供高效的服务器资源、海量的存储空间、高速的网络宽带和安全的网络环境。让每一个村民可以第一时间从手机终端了解到第一手村务信息、政务信息,还有农产品市场需求和外出务工等与各家各户利益息息相关的各种信息。用大数据建立继续教育机制,从机制上推动全民学习,传播健康向上的乡村文化,优化乡村治理的软环境。

三、乡村建设中的创新案例

（一）德江县桶井乡新滩村

新滩村位于贵州省铜仁市德江县桶井乡，规划面积约 984 400 平方米，南面以道路交叉口和山脊为界，东西北面以乌江为界。其中，新滩半岛面积约 385 000 平方米，河岸线长 3.8 千米，新滩村核心区面积为 161 700 平方米。村庄改造区域面积约 50 000 平方米，共有街道 3 条，巷子 6 条，总长度约 1.5 千米，待改造房屋若干。新滩村乡村改造是桶井乡扶贫攻坚的重要项目。

在建筑改造设计过程中，对新滩的地域文化、民俗文化、建筑风貌进行了系统的梳理，以乌江盐道文化为引领，将最具特色的"码头文化"和土家族建筑风貌融入改造设计中，让这座原本落魄失意的小村落重新焕发生机，走出一条新滩乡村旅游的文化复兴之路。

1. 整体设计及规划

（1）建设理念

村庄改造建设过程中，以乌江盐道码头复建作为新滩的文化特征与核心亮点，对现有的滨水码头渡口进行场地整理后，打造新滩乡村旅游门户"乌江渡"。村庄的整体设计是将土家族文化与乌江盐道码头文化结合在一起，改造后形成新的文化景观语言与场景。新滩核心村将利用传统土家族建筑风貌对其外立面进行改造美化，同时积极引导村民由农业种植、外出务工向旅游服务转变，利用自家改造后的民居开展餐饮、住宿接待等服务。

（2）空间理念

乡村建设的空间理念：景观保护、文化体验、活化业态、两岸联动。

①山水景观整体保护：不破坏核心的景观界面，保护山水林田湖。

②湖岛景观带的一体化打造：环岛和滨江景观带要有明确的边界。生态原则上，减少拆迁，强调原居民深度参与，共建共享。

③码头文化主题体验：组团化建设，点状开发，生态保护呈带状分布，项目开发以点状落地。

④村落文化渗透、活化业态布局：新滩村北部为低密度民宿，园林式布局，南部是鱼骨形布局，村落为一街四巷的街巷式结构。

⑤后方延伸、两岸联动：后方衔接山地运动产品，丰富景观整体性，多样化手法实现两岸联动。

（3）建筑手法

建筑手法上以土家族传统民居的形式对现有民居进行全面改造，采用深受商运文化影响的土家族干栏式建筑形式，同时将土家族穿斗式构架、风火墙、跑马廊、装板等建筑特征运用到民居外立面的改造包装上，材料上要结合自然、气候、地形，采用当地木材、砖石修建。

（4）景观手法

对村落内现有空地、道路进行绿化美化，利用当地丰富的植被作为景观绿色屏障。在村庄内部设置几处村民活动广场，通过对民俗文化元素的提炼再融入公共服务设施和景观小品设计中，满足新滩村村民文娱活动、休闲健身的需求，同时在村庄内增加乌江盐道码头文化景观元素和图文宣传展示。

2. 具体改造细节

（1）新滩村盐道码头设计改造

码头设计结合当地码头文化特色，以大块石材、木材及仿木为主要材质，保证码头的经久耐用。同时为了保证 1 000 吨的货运船能够顺利停靠，在泊位设计上进行了"人货分离"。主入口作为旅游码头，长 64 米，宽 20 米，其两侧分别设置休息区及货运码头。货运码头长 52 米，宽 11 米，保证了货运船的停靠以及货物停放。

码头的入口处设计了具有当地特色的主大门，作为新滩入口形象的迎客区，在设计中运用了土家族建筑上的挑檐元素，景观广场设计中融合了乌江盐道文化，通过乌江号子、船形座椅、码头货物、歪屁股船、乌篷船、盐帮船队雕塑等景观丰富了整个景观氛围。

（2）新滩村民居设计改造

新滩村中心村落是整个地块的核心位置，是新滩村村民居住和活动的主要场所，也是新滩村旅游扶贫工作开展的根本落脚点。华汉文旅以加快推进新滩村村容村貌改造为基点，以土家族传统民居的形式对现有民居进行全面改造。改造中，保证现有民居建筑的基本结构不变，通过加入当地文化元素与建筑元素，丰富民居建筑细部，充分利用当地建筑材料，以符合当地建筑的风貌、质地、颜色和肌理。

①山墙改造：根据具体情况在建筑山墙处勾画传统的结构形象（贴面或描绘）；单体建筑宜采用穿斗式（夹板式装板）的建筑表现形式；联排建筑宜采用马头墙型防火山墙的表现形式。

②墙基改造：一层墙面宜采用灰砖或毛石贴面，便于建筑防潮、防水。

③单体建筑改造后形成了鲜明的对比。

（3）新滩村土家族民俗广场景观设计

利用现有村落空地，建设占地3 300平方米的土家族民俗广场，一方面满足新滩村村民文娱活动、休闲健身的需要；另一方面形成特色景观，为旅游者提供一个休憩场所。广场中心设置了民俗舞台，定期开展传统文化演艺表演，未来随着游客规模的扩大，可成为大型户外演艺项目场地。

在广场上也可体验土家族人的生活起居、生产习俗，并体验打糍粑、磨绿豆粉、制作酸醡肉等食品手工制作过程，节假日还参加有民族特色的哭嫁、长桌宴、毛古斯节、炸龙表演等民俗活动。

（4）新滩村标识导览牌设计改造

新滩村标识导览牌的设计强调将"歪屁股船"等元素与土家族民俗风情进行融合，强调新滩村是"歪屁股船拉来的村落"。设计时提取了土家族的建筑符号——宝鼎样式以及屋顶翘角等元素，同时融入了码头文化。为了丰富标识导览牌的精致性，在细节上增添了水纹的元素，使其生动而又充满活力，在材质上，选取当地石材以及木材，经久耐用且抗腐蚀，同时也方便制作。

（二）漠河市北红村改造实践

北红村隶属于黑龙江省漠河市北极镇，位于北纬53度33分，东经123度17分，中俄界江黑龙江自西向东沿村北边而过，从自然地理位置上来看是中国最北的村落，自然风情极其独特。北红村原始质朴，到处散发着乡土气息，木刻楞传统小院、传统木屋、栅栏、草甸、牛马、江水、森林、渔船自然组合在一起，村落四周均为未开发的草甸森林，小动物随处可见，还可以采摘名贵药材，堪称中国最北的世外桃源。

北红村是我国著名俄罗斯风情村，目前村中约一半是俄罗斯族，加上地处中俄界江黑龙江边上，极具开发价值。在规划改造前，北红村经常有自驾游的游客，因此变成了漠河的网红景点。通过对游客满意度调查分析，游客的文化性体验较差，对村落的风情、语言、文化、宗教的氛围都不满意，同时村落风貌不突出，传统建筑风貌破坏严重。为了解决村落主题特色不突出、文化景观氛围不浓厚、公共基础设施不完善等核心问题，本次村落改造从北红村民俗文化、建筑风貌、小品景观研究入手，努力打造一个具有俄罗斯风情的村落。

1. 整体设计及规划

（1）建设理念

北红村是中俄两国边境文化交流演变的重要见证，村内有近一半的人口为俄罗斯族，应充分挖掘这一文化特色，提升村庄整体风貌、建筑形态、景观环境、业态设计等方面的俄罗斯族特色，在对村庄进行环境整治的基础上引导村庄向俄罗斯主题风情发展。

（2）建筑手法

北红村现存屋面主要分为两类：一类是原有的木刻楞木质板屋顶，另一类是新建的彩钢板屋顶。改造原有的木板屋顶主要是对俄罗斯装饰元素进行修复，对屋檐及侧檐进行俄罗斯风格的装饰设计，如增加锯齿形的屋檐装饰，侧面屋檐增设俄罗斯风格的装饰板及山脊分隔板。将村庄建筑解构为门、窗、屋檐、屋脊、侧檐、立面、烟囱、柱子等单位，根据村落内不同建筑的形式、结构、立面对其进行俄罗斯风情的装饰设计。

墙面的改造设计也分为两类：一类是原有的黄泥抹面墙体，只对残破部位加以修补，通过门窗改造改变风貌。另一类是原有的砖混房子，将原木干挂形式提升为木刻楞风格。

（3）景观手法

村落景观主要围绕院门、篱笆、花架、菜园、大棚、炭房等庭院构筑进行设计。

①现状院门多为当地传统风格院门，设计改造方法是结合其原有形态并增加俄罗斯族装饰元素。

②现状篱笆为当地风格，倒伏、破损现象较为严重，整体较杂乱，篱笆的材质就地取材，多采用板皮、柳枝等。改造方法是运用较为古旧的原木、柳枝为篱笆的材料，打造俄罗斯族风格的篱笆。

③庭院、菜园统一整修，干净整洁，可在临近街道的篱笆下种植俄罗斯国花葵花，使葵花成为北红村最为常见的植物。

2. 具体改造细节

（1）建筑改造细节

①院落民居改造。对于村落民居外立面建筑风貌的改造，分别用黄泥墙与木刻楞两种建筑方式进行统一包装，建筑外墙面悬挂干辣椒与玉米，增加农家庭院的乡土特征，在院落外围的菜地与花池边，用具有俄罗斯元素的景观营造氛围。

②北红村教堂。教堂（面积135平方米）采用俄式木质教堂的设计手法，设置俄式门廊、洋葱头尖顶、钟塔、俄式窗户、俄式栏杆等一系列极具俄罗斯风情的建筑部件，充分展现俄式木质建筑风格的特色。

教堂周围广场设置了俄式铁艺灯柱、座椅、树池、套娃雕塑、垃圾桶等设施，一方面烘托整个空间的俄式风情氛围，另一方面为游人提供休憩集散的空间。

（2）景观改造细节

①道路景观设计。对现有道路进行提档升级，在道路两侧增设公共厕所、路灯、座椅、垃圾桶、花池等设施，道路两侧设置具有俄罗斯风情的雕塑景观小品，可与院落主题结合，如俄式花船、俄式花车、列巴炉、俄式秋千、俄式高跷、俄式老井、洋葱头建筑装饰等。其中俄式秋千既可以设置于院落内部，也可设置于道路绿化带的宽阔处，既可作为道路景观，也可作为游人娱乐、休憩的公共设施。

②舞台广场设计。在哨所道路与主街交叉口的道路南侧建设北红村广场，包含篝火场地、表演舞台、特色小吃摊等。整体风格要与北红村的整体风貌统一。

（三）浙江安吉美丽乡村建设

20世纪80年代的安吉县曾经是浙江省的贫困县之一，交通落后，还有环境污染问题。党的十七大后，安吉县利用生态环境优势，坚持走上了一条以优势农业、农产品加工和生态农业旅游三产业相结合的产业发展道路，推进乡村精神文明建设，促进全县农业经济发展，塑造乡村人文环境建设，实现了美丽乡村的高水平建设。

1. 持续接力建设美丽乡村

从2008年开始创建美丽乡村，浙江省经过10余年的建设发展，安吉县实现了全县所有乡村村村优美、人人幸福的中国美丽乡村建设。从2008年到2018年这十年的时间里，安吉县直接用于美丽乡村建设的县级财政奖补资金达到15.33亿元，全县188个行政村全部完成了美丽乡村的建设，其中，44个村成为"精品示范村"，18个村成为3A级景区，余村成为全国首个乡镇级4A级景区。

2. 三片叶子+一把椅子实现村强民富

安吉县利用竹叶、茶叶、桑叶的传统优势产业和无污染的转椅产业，进入了安吉县村强民富的美丽乡村建设新阶段。

①"世界竹子看中国，中国竹乡在安吉"的竹产业发展理念，使得安吉县有了中国第一竹乡的美称，从毛竹的种植生产、竹子的加工技术以及开发利用，都成了全世界竹产业的领航者。

②说起白茶，安吉白茶已经成为中国的名牌农产品，安吉白茶亩均产值1.6

万元，安吉县受荣村村民董毓方是安吉县茶产业发展的受益者之一，他从 2004 年开始种植黄茶和白茶，一年种茶收入约十五六万元。

③在大力发展生态农业、坚持走绿色环保之路的美丽乡村建设中，安吉县凭借宜人的自然风光，成为都市人群的后花园，成为人们消暑度假的休闲旅游胜地。安吉县十分注重对特色建筑的保护和地方特色文化内涵的挖掘，尊重乡村的自然布局和自然特色，保留了古宅、老街、礼堂、民房等古迹。2018 年，安吉县吸引游客 2300 万人次，旅游收入达到 324 亿元。

第五章 乡村振兴战略的规划与发展

乡村振兴不是一个形象工程也不是一个短期计划,而是一项历史任务,它着眼长期、关乎全局。基于对乡村振兴的创新理解,基于人们对梦想田园、宜居生活的追求,基于对产业融合、产居融合的探索与实践,乡村振兴规划应该以市场化配置资源为决定要素,以产业为主导,以产居融合、产业融合为路径,打破传统镇村结构,形成一种创新的规划模式和结构,乡村振兴规划不仅仅是战略规划,还是经济社会发展规划和区域建设总体规划的一体化规划,是多规合一的规划。本章分为乡村振兴的规划方法、乡村产业与乡村振兴、乡村土地与乡村振兴、乡村文化与乡村振兴以及乡村治理创新与乡村振兴五部分内容。

第一节 乡村振兴的规划方法

一、厘清乡村振兴的几大关系

(一)"二十字方针"与五个振兴的关系

乡村振兴的目标是产业兴旺、生态宜居、乡风文明、治理有效、生活富裕,即"二十字方针";而乡村振兴实现的战略逻辑是产业振兴、人才振兴、文化振兴、生态振兴、组织振兴,即五个振兴。

乡村产业振兴,首先,依据开发基础找到特色优势条件,并依据特色优势条件进行产业发展模式的构建,开发基础包括农业生产、生态环境等;其次,构建双孵化模式,其核心是产业运营商、生产经营为主体;最后,构建完善的产业保障体系。

乡村人才振兴的核心理念是要坚持"人才是孵化出来的,不是培训出来的",寻找合理的方式解决人才需求与供给的矛盾。

循环农业的普及是乡村生态振兴的关键。循环农业的作用有很多：①保护农业生态环境；②调整农业生态系统的内部结构；③充分利用高新技术；④优化农业生态系统的产业结构。

乡村组织振兴重点推进集体经济的发展和组织建设问题的解决这两个方面。其中，组织建设问题的解决需要相关部门群策群力，协同推进。

（二）五个振兴之间的内在逻辑关系

产业振兴不仅是乡村振兴最重要的动力因素，还是乡村振兴的经济保障。产业发展带来的就业机会为人才的聚集带来了希望；产业发展带来的经济提升为生态改良、文化传承带来了资金支持。而产业振兴的关键是人才，要实现农村产业及社会发展的突破就必须以以下三大措施为基础，即引进外部专业人才，吸引返乡创业人才，提升农村现有人才。产业可持续发展的关键是生态振兴。生态振兴为人才提供了宜居的生态环境。文化振兴既是提高产业附加值的重要手段，也是塑造乡村核心吸引力及软实力的关键。组织振兴则为产业、人才、生态、文化振兴的实施提供重要保障，并从中受益，不断实现自我完善，提高组织效率。

（三）全域旅游与乡村振兴的关系

从我国乡村发展条件及现状来看，农业与旅游是乡村振兴的两个重要切入点。以旅游为优势产业进行区域全方位优化提升的全域旅游是乡村振兴的有力抓手。全域旅游与乡村振兴同时涉及区域的经济、文化、生态、基础设施与公共服务设施等各方面的建设，通过"旅游+"建设模式，全域旅游在解决"三农"问题、拓展农业产业链、助力脱贫攻坚等方面发挥了重要作用。此外，全域旅游在乡村产业升级、产品开发、品牌创新、设施完善等方面的建设，构筑了乡村的宜居环境及浓郁的文化氛围，使乡村能够满足人们对美好生活的追求，从而构建乡村振兴绿色生态的良性发展模式。

（四）城镇化与乡村振兴的关系

乡村振兴战略的提出，并不是要否定城镇化战略，相反，两者是在共生发展前提下的一种相互促进。首先，在城乡生产要素的双向流动下，城镇化的快速推进将对乡村振兴起到辐射带动作用。城市资本、人才、技术等生产要素的流入，将大大加速乡村振兴的步伐，同时，随着城镇化的不断推进，城市的基础设施与公共服务也必将向乡村延伸，从而提升乡村生活品质、实现乡村高质量发展。其次，乡村振兴成为解决城镇化发展问题的重要途径。在城镇化发展过程中,人口过度集聚、交通拥堵、环境污染等问题日益突出,城镇布局不合理、城乡建设缺乏特色等问题逐渐显现,城市单极发展的模式亟须改革。乡村振兴战略以良好的生态环境为发展背景,田园特色为重要资源,通过产居融合的空间结构与现代梦想田园生活方式的构筑,将有效改善城乡二元结构。

二、乡村振兴的八大规划战略

(一)城乡融合发展战略

充分发挥市场在要素配置中的决定作用和政府在公共服务中的作用,推进城乡要素平等交换、合理配置,城乡居民基本权益平等化、基本公共服务均等化、产业发展融合化。

(二)农业产业发展战略

坚持一二三产业全面融合,加强农业结构调整,发展壮大优势特色产业,构建"接二连三"的农村全产业体系。

(三)优势品牌产品优化战略

立足资源优势,围绕区域优势主导品种和产业,打造一批优势农产品知名品牌。

(四)基础设施与公共服务设施优化战略

结合农业生产与居民生活,从空间布局、供给模式、融资模式、经营管理等方面,提升市政基础设施与公共服务配套设施建设。

(五)农村社区提升与布局优化战略

以社区化发展为目标,统筹考虑生产、生活、生态三大功能,就农村社区的布局原则、布局形式、建设标准、配套标准、实施时序等给出解决方案。

(六)农业农村信息化战略

在完善信息基础设施建设的基础上,推动信息技术与农业生产、农产品销售、农业政务管理、农业服务等的全面融合。

(七)社区治理体制战略

根据农村社会结构的新变化,健全自治、法治、德治相结合的乡村治理体系,实现治理体系和治理能力现代化。

（八）文化复兴战略

梳理乡村文化脉络，进行产业化、产品化、体验化打造，实现乡村文脉的传承与创新。

三、乡村振兴的"六化"手法

（一）科技化

科技化是促进乡村振兴的重要基础支撑。以技术升级促进农业产业发展，实现农业现代化；以科技发展，推动生物防控、污染治理、生态保护、文化保护与创新；以科技进步，助推基础设施与公共服务设施的智慧化、均等化。

（二）信息化

信息化是促进乡村跨越式发展的重要动力。借助互联网技术，促进农产品生产、加工、流通、营销及追溯，实现农业智慧化；借助互联网技术，打造常态化的远程教育、远程技术指导、远程医疗，实现资源在城乡之间的无缝对接；借助互联网技术，打造智慧出行、智慧社区服务、智慧养老等全方位智慧生活。

（三）旅游化

旅游是促进乡村发展的重要引擎之一。以旅游产业为引擎，延伸农业产业链，实现农旅融合发展；以旅游带来的消费聚集为基础，促进农业即农产品附加价值的提升；以旅游促进城乡之间的市场与要素流动，带来乡村基础设施、公共服务的提升，以及社会文明程度的提高。

（四）品牌化

品牌化是乡村实现内涵式发展的重要途径。以品牌建设，优化农业产业结构、提升农产品的质量水平和附加价值，满足不断升级的消费需求，同时塑造地方鲜明的形象。

（五）生态化

生态化是乡村实现可持续发展的标尺。对山水林田湖草，进行统一保护、统一修复，构建生态系统；针对农业产业，大力发展生态农业、绿色农业，提供安全绿色农产品；针对人居环境，加大整治力度，营造宜居环境。

（六）工艺价值化

工艺价值化是传承乡村文化及精准扶贫的重要手段。以传统工艺、本地化工艺等传承基础上的创新改进为手段，以匠人培育为重点，以市场化对接为通道，促进手工业的发展，实现工艺的经济价值与社会价值。

四、乡村振兴规划的体系构建

（一）五位一体的规划体系

1. 县域乡村振兴战略规划

县域乡村振兴战略规划应在新的城乡关系下，在把握国家城乡发展大势的基础上，从人口、产业的辩证关系着手，甄别乡村发展的关键问题，对乡村发展的动力机制进行深入分析，构建乡村产业体系，引导村庄合理进行空间布局，重构乡村发展体系，构筑城乡融合的战略布局。

2. 县域乡村振兴总体规划

在战略规划指导下，县域乡村振兴总体规划落地到土地利用、基础设施、公共服务设施、空间布局与重大项目，进行一定期限的综合部署和具体安排。它与城镇体系规划相互衔接，可以根据需要在总体规划的分项规划之外编制覆盖全区域的旅游产业规划、生态宜居规划等专项规划。此外，规划还应结合实际，选择具有综合带动作用的重大项目，从点到面布局乡村振兴。

3. 综合体规划

聚集区（综合体）为跨村庄的区域发展结构，其规划体例与乡镇规划一致，包括现代农业产业园区、产居融合发展区等。

4. 村庄规划

村庄规划是以上层次规划为指导，对村庄发展提出总体思路，并具体到建设项目，是一种建设性规划。

5. 乡村振兴重点项目规划

重点项目是对产业项目、产业融合项目、产居融合项目、现代居住项目的统一称呼，它们在乡村振兴中具有带动和引导的作用，包括现代农业园、现代农业庄园、农业科技园、休闲农场、乡村旅游景区等，规划类型包括总体规划与详细规划。

（二）乡村振兴的规划内容

1. 战略定位及发展目标

乡村振兴战略定位应在国家乡村振兴战略与区域城乡融合发展的大格局

下，运用系统性思维与顶层设计理念，通过乡村可适性原则，进一步确定具体的发展路径、模式、愿景等内容。以乡村三阶段时间节点与目标任务为依据，并结合本地区的现状，提出可行性目标，从而制订乡村振兴发展目标。

2. 九大专项规划

（1）产业规划

立足产业发展现状，充分考虑国际国内及区域经济发展态势，以现代农业三大体系构建为基础，以一二三产融合为目标，对当地产业的发展定位及发展战略、产业体系、空间布局、产业服务设施、实施方案等进行战略部署。

（2）生态保护建设规划

对山水林田湖草生态系统进行统筹规划，加强环境污染的防治工作，提高资源的有效利用率，加强人居环境综合整治，促进农业生态产品和服务供给，创新市场化、多元化生态补偿机制，推进生态文明建设，提升生态环境保护能力。

（3）空间布局及重点项目规划

以城乡融合、三产融合为原则，县域范围内构建新型"城—镇—乡—聚集区—村"发展及聚集结构。

（4）居住社区规划

将生态宜居作为居住社区规划的目标，与产居融合发展路径相结合，整治和规划居住结构，包括乡镇、聚集区、村庄等。

（5）基础设施规划

以提升生产效率、方便人们生活为目标，规划生活基础设施和生产基础设施，其中，生活基础设施的规划包括对其建设标准、配置方式、未来发展的规划。

（6）公共服务设施规划

以宜居生活为目标，积极推进城乡基本公共服务均等化，对行政管理、教育机构、文体科技等公共服务设施的布局和用地进行统筹安排。

（7）体制改革与乡村治理规划

以乡村新的人口结构为基础，遵循"市场化"与"人性化"原则，综合运用自治、德治、法治等治理方式，建立新型治理体制，满足不同乡村人口的需求。社会保障体系是新型治理体制的一种。

（8）人才培训与孵化规划

统筹乡村人才的供需结构，借助政策、资金、资源等的有效配置，引入外来人才，使本地人才的技能水平得以提升，重视职业农民的培养，并进行创业创新孵化。

（9）文化传承与创新规划

遵循"在保护中开发，在开发中保护"的原则，对乡村历史文化、传统文化、原生文化等进行以传承为目的的开发，在与文化创意、科技、新兴文化融合的基础上，实现对区域竞争力以及经济发展的促进作用。

3. 全面行动计划

首先，制度框架和政策体系基本形成，确定行动目标。其次，对行动任务进行分解，包含以下几点：①农村土地综合整治的深入推进；②农业经营和产业体系建设的快速推进；③提升农村一二三产业融合；④产业综合项目落地计划；⑤整治农村人居环境。同时制定政策支持、金融支持、土地支持等保障措施，最后安排近期工作。

第二节 乡村产业与乡村振兴

一、农村一二三产业融合发展模式及路径

党的十九大提出："促进农村一二三产业融合发展，支持和鼓励农民就业创业，拓宽增收渠道。"

（一）本质解读

1. 发展目标

农村一二三产业融合的目标：到2020年，农村产业融合发展总体水平明显提升，产业链条完整、功能多样、业态丰富、利益联结紧密、产城融合更加协调的新格局基本形成，农业竞争力明显提高，农民收入持续增加，农村活力显著增强。

该意见还强调：着力构建农业与二三产业交叉融合的现代产业体系，促进农业增效、农民增收和农村繁荣。农业增效是指现代农业产业体系的构建，不断促进农业发展方式转型，提高农业综合竞争力。农民增收指农民收入持续增加，培育新型职业农民。农民参与二三产业，分享增值收益。农村繁荣是指打造特色乡村，繁荣乡村文化，增强农村活力，形成城乡协调发展的新局面。

2. 基本原则

①严守耕地保护红线。对耕地数量、质量和生态等要素进行重点保护，使

农业综合生产能力得以稳步提升，确保国家粮食安全。

②坚持因地制宜。对产业发展和生态保护的关系进行妥善处理，进一步推进生态社会文明建设，分类指导，探索不同地区、不同产业的融合模式。

③保障农民利益。坚持尊重农民意愿，强化利益联结，保障农民获得合理的产业链增值收益。

④坚持市场导向。充分发挥市场配置资源的决定性作用，更好地发挥政府作用，营造良好的市场环境，加快培育市场主体。

⑤坚持改革创新。打破要素创新的瓶颈制约和体制机制障碍，激发活力。

⑥坚持农业现代化与新型城镇化相衔接。坚持农业现代化与新型城镇化、乡村建设协调推进，引导农村产业集聚发展。

（二）模式及路径

1. 三大模式

（1）以一产为主导的"一二三"融合模式

由一产带动二产和三产发展，实现"特色种养殖—加工—商贸服务或服务体验（其中服务性体验除农产品外，还需要原产地的原生优质资源）"的全产业链融合发展。

（2）"二三一"模式

二产是指精深加工和手工制造，它依托的是农产品及特殊技艺。二产的发展，以一产为基础的原材料供给是其向上的需要；配套性的电商、仓储等服务业和科技、金融等支持性服务业是其向下的需要。

（3）以三产为主导的"三二一"融合发展模式

①以科技手段带动的应用渗透型产业融合模式。推动产业发展的关键要素是科技，其得天独厚的渗透优势在产业促进和融合方面得以显现。

②以文化创意为核心的带动模式。该模式的基础是农产品，核心是文化创意，此模式中构建一二三产融合的发展模式是通过四方面来进行的：其一，文创农产品种植；其二，文创体验活动；其三，农产品的文创包装与加工；其四，节庆的导入。

③以电商物流为引领的服务带动模式。该模式主要以物流配送为核心，带动农产品的规模化生产、销售、服务以及加工企业的聚集和联动，构建完善的产业链体系，实现三产（服务业）带动一产和二产的融合发展。

电商物流服务往往需要借助云计算、互联网、O2O模式等科技手段，形成电子商务示范区、农业龙头企业、农产品批发市场等多个市场主体，并通过"政府+企业""龙头企业+农户""特色农产品+网络营销""电商助推脱贫"等多种模式,实现综合信息服务、产销一体化、商务智能、高效物流配送等综合性服务平台的建设,助推订单农业、精益生产,实现基于互联网及物流配送的一二三产业融合发展。

2. 六大路径

一二三产业的充分融合,可以通过六大路径来实现。

①与新型城镇化建设有机结合,推动两者的联动发展,发挥对人口集聚和城乡建设的带动作用,培育农产品加工、商贸物流等专业特色小镇。

②加快农业结构调整,加强以高效益、新品种、新技术、新模式为主要内容的"一高三新"农业的发展,以及对一些传统资源、农业废弃物的综合利用,激发农业潜力。

③延伸农业产业链,有机地衔接农副产业与市场的流通与存储,使一二产业与三产业间的联系纽带得以构建,加快"农业+加工业"的融合,实现一二产业、一三产业、一二三产业融合的目标。

④拓展农业多种功能,推动产业(教育、文化等)的深入融合,对农业的多种功能进行拓展,即实现农业从生产向生态功能和生活功能的拓展。

⑤大力发展农业新型业态,发展农村旅游业态、特色业态、新业态等新型创意业态,促进"农业+加工业+服务业"的融合,实现一二三产业的融合发展。

⑥引导产业集聚发展,依托一二三产业在空间上的叠合发展,构建"建设种植基地—农产品加工制作—仓储智能管理—市场营销体系"全产业链发展模式,形成生产、加工、流通一体化的融合形式,实现一二三产业的融合发展。

二、现代田园生活方式的主场——乡村

随着城市生活节奏的不断加快,越来越多的城市居民产生了回归田园、追求内心宁静的精神需求。乡村地区拥有旖旎的田园风光、浓郁的乡土文化和原生态的生产生活方式,与城市嘈杂喧嚣的生活形成鲜明对比,是体验现代田园生活方式的最佳场所,成为城市居民休闲度假、亲近自然的理想目的地。2018年中央一号文件对乡村振兴做出了总的部署,生态宜居是其中的核心内容之一。

(一)人们心灵的栖息地

新田园主义理念源于霍华德田园城市理论中"以人为主体、城乡一体化、推行社会改革"的理论体系,这一理念在乡村规划、乡村产业、乡村文化、乡村建筑等多方面提出了主张,关注人与环境、社区等主体之间的相互关系,要

求人们主动掌握环境、经济、社会的规律,鼓励人们践行乡村可持续发展理念。而在中国传统文化的影响下,每个人也都有一个田园生活梦。中西文化各自支撑下的田园梦,反映了世界范围内人们对理想生活方式的普遍追求。由此可以判断,逆城镇化趋势下,人们对田园的、绿色的生活方式的渴求,将是中国农村未来发展的最大推动力。乡村振兴战略下,乡村发展目标是对健康生态田园生活方式的追求,更是对乡愁、乡情、乡韵情怀的向往。

结合新田园主义理念,乡村建设要在以农为本的基础上,依托优越的生态自然条件,融合特色田园风格元素,打造具有田园风情的建筑景观。倡导低碳生活,引入康体养生配套设施,以原生态的田园休闲度假理念,打造人们心灵的栖息地。

(二)现代化乡村之美

美国的郊区别墅化,并不适合我国乡村的发展路径。生态宜居的核心结合了产居一体化的发展结构。

乡村美的灵魂是乡村的生活之美,提升乡村的生活品质是一切乡村建设工作的最终目的。乡村营造田园生活氛围具有天然的优势,具体而言,主要体现在以下三个方面:一是依托农耕文化、乡愁文化和民俗文化,围绕田园建筑景观,营造"最原味"的乡土田园生活场景;二是在完善休闲配套和娱乐配套设施,结合养生康体生活方式的基础上,提供"最闲适"的慢生活体验;三是可基于优越的生态自然环境,从餐饮、交通、休闲等多方面,打造"最绿色"的田园人居生活。下面我们从以下几个方面进行说明。

①"最原味"的乡土田园生活。乡土田园生活场景包括田园景观、田园文化等重要组成部分。田园景观是以田园为载体,依托农作物或者农业生产活动,将田地、道路、房屋等从美学的角度合理组合,形成特色田园风光。依据现代景观生态学,利用"田地艺术"打造手法,通过对自然地理气候、乡村地势地貌、乡土生产性景观作物及民俗器具等的统一把握,营造富有造型的、具有震撼性的乡野大地景观,表现出田园景观中最具魅力的层面。在食品安全上,依托乡村良好的生态环境,积极治理污染,降低农药化肥的利用,改善土地性状,大力推广有机循环种植、养殖业发展,为居民提供安全、原味、生态、绿色的有机食品。乡村的田园文化包含农耕文化、民俗文化、历史文化等丰富多样的内容,是历史传承多年的文脉积淀。通过"泛博物馆"手法,将这些静态散落着的田园文化加以整合,通过主题游乐和互动化体验参与的方式,在开放的空间展示给大众,可形成新的游憩方式和商业业态,并有效促进田园文化底蕴的

传播与延续。在充满田园特色风情的景观环境中感受乡土文化,在田园文化的熏陶下欣赏和认知田园景观,文化与景观的相互融合和渗透,营造出"最原味"的乡土田园生活场景,对改善乡村风貌、发展乡村旅游有着极大的推动作用。

②"最闲适"的慢生活体验。作为休闲农业的高阶形态,田园养生度假不仅要有优越的生态环境作为基本保障,还需要提供必要的休闲娱乐配套和康体保健服务。在乡村这一载体中,将田园、村庄和自然三者相互融合,将度假区建设到非农耕区,营造"与世隔绝"的意境。在乡村的配套设施建设和建筑设计中,尽可能地减少人为改造,以体现乡村的原真性与自然性。将农耕农作与康体养生相结合,不仅能够增加农产品附加值,还能够让人们从中体会到回归自然的乐趣。以采茶为例,在采茶活动中,传播茶文化、教授养生茶道,将劳作作为一种生活方式,是田园养生度假中的重要环节。由此可见,乡村拥有提供"最闲适"慢生活体验的丰富资源,发展田园养生,通过休闲娱乐设施、康体养生设施与田园景观、劳作、物产、文化的融合,可有效实现乡村田园休闲度假项目价值的提升。

③"最绿色"的田园人居生活。乡村的绿色发展方式和生活方式是吸引人们体验田园生活的关键因素,注重环境保护和生态系统建设,是在乡村振兴战略下发展经济的首要前提。发展生态农业,是乡村绿色建设的产业支撑;倡导低碳环保的生活方式,是践行生态文明的具体措施。只有在乡村绿色发展结构的规划下,才能在经济发展的同时,不打破自然生态系统,保证乡村的原真性,实现"最绿色"田园人居生活的独特体验。

④"最人性"的乡村社区治理。人性化乡村社区治理的关键是在保证治安的基础上,治理模式从管理型向服务型转变。一是交流活动平台的搭建。通过搭建活动中心,举办社区交流活动,提供交流的场所和机会。二是社区自主管理组织的成立。各类人才的下乡使乡村社区居民的结构得以重塑,新乡民有建立自主管理组织的能力和需求,构建心中梦想的家园。三是提供个性化的便民服务。针对社区婴幼儿看管、照顾老人、课业辅导等不同的需求,可以通过志愿者或有偿服务等方式,解决社区居民的不同生活需求。

总之,乡村社区治理需要始终不忘服务宗旨,为社区居民提供优美的生活环境、温馨的生活氛围及贴心的服务内容。

(三)旅游将推动现代乡村生活方式的塑造

1. 乡村旅游实现多产业、多业态的交融

历史上传统田园生活倡导的是自治、自给自足、自由迁徙,男耕女织、日出而作日落而息的生活方式，遵循自然规律是其基本特征。这种基于农耕文化形成的生活方式，至今保留了安逸、闲适的生活形态。在政策和市场的驱动下，现代田园生活不仅需要满足人们对绿水青山和回归自然的向往，还需要满足游客康体养生、乡风民俗体验、休闲农业娱乐等多方面的需求。乡村旅游的兴起，聚集和整合了丰富的产业链，为现代田园生活带来了多层次的特色体验。

在乡村美食方面，以原生态农产品为原料，制作乡村美食，开发糕点制作、干菜制作、腌制品制作等农家体验产品，打造"舌尖上的田园生活"。在乡村观光方面，以乡村农舍、园艺场地、绿化地带等景观开发乡村观光产品，同时拉动观光车、观光船等观光交通业发展，满足田园生活的休闲娱乐需求。在乡土乡情方面，挖掘乡村民俗文化和风土人情，打造乡村博物馆、民间工艺馆、民俗体验基地、乡村旅游嘉年华、乡村音乐会等体验项目，将田园与文化艺术相融合，满足游客对现代田园生活的精神文化体验需求。在乡间度假方面，建造乡村会所、庄园，完善养生养老配套，拓展娱乐活动空间，结合高端度假产业、健康产业和娱乐产业，促进现代田园生活品质的提高。

2. 乡村旅游塑造"以人为本、宜居宜业"的新形象

我国乡村治理处于国家治理体系的末端，在基础设施和公共服务设施配套、监督管理体制完善程度和村民环保意识等诸多方面，与城市标准都相距甚远。发展乡村旅游在很大程度上弥补了乡村治理中的设施不足和机制缺陷问题，通过吸引旅游产业链上各领域企业聚集，为乡村发展提供必要的服务设施配套，并从景观设计的角度改善乡村整体风貌，从而提高人居生活品质。乡村旅游的就业带动功能，让村民切实享受到乡村发展的福利，能够唤起他们的主人翁意识，唤起他们对于乡村的归属感，从而自觉地提高环保意识，为建设宜居宜业的家园贡献力量。

旅游者的需求具有多变性和灵活性的特点，为了吸引更多的游客，乡村旅游产品应不断更新，对于不同年龄、不同文化背景、不同地区的游客，推出小众化、个性化、定制化的产品。此外，乡村旅游具有天然的生态属性，为游客提供贴近自然、与自然和谐相处的精神感受，将生态文明和文化旅游深度融合，强调"天人合一"的可持续发展。因此，发展乡村旅游不仅是为旅游者服务，还是为自然服务，这是"以人为本"更高层次的体现。

3. 乡村旅游促进城乡互动，提升田园生活品质

乡村旅游是实现城乡良性互动、错位发展的重要环节，有助于城乡产业、文化、客源等资源的相互流通和整合。城市向乡村延伸，为乡村发展带来了商

机，带动产业结构的持续优化，推动以现代农业为基础的一二三产业的融合发展。乡村经济实力不断增强，为乡村旅游的健康持续发展奠定了坚实的基础，促进乡村地区硬件设施的完善和软件服务水平的提高，从而带动田园生活品质的提升。

乡村向城市靠拢，一方面指的是乡村人口进入城市感受现代文明，城市与乡村互为目的地和客源地；另一方面指的是乡村人口在城市中体验不同的生产和生活方式后，将先进的技术和理念带回乡村，融入乡村旅游的发展中，为现代田园生活注入新的体验。例如，为了迎合休闲度假游客的视觉审美需求，对农副产品包装进行精心设计，用精美的果篮、包装盒提升产品的整体形象；在乡村餐饮制作中，在保证口感的前提下，注重食材色彩搭配和摆盘，均衡营养，以此获得田园生活体验者的青睐。

综上所述，发展乡村旅游，可以优化农村经济产业结构，拓展农业产业链，增加农副产品附加值，完善乡村地区基础设施和公共服务设施建设，改善人居环境，延续和传承优秀的民俗文化，促进乡村地区社会经济效益的综合提升。因此，乡村旅游是升级现代田园生活体验的重要载体和手段，能够为现代田园生活注入源源不断的活力。

第三节　乡村土地与乡村振兴

一、我国乡村土地改革政策解析

近几年，我国农村土地改革从土地确权到经营权流转，再到所有权、承包权、经营权的三权分置，以及"农村土地征收、集体经营性建设用地入市、宅基地制度改革试点"的"三块地改革"实践，在发展中取得了瞩目的成效。在乡村振兴战略的背景下，农村土地制度改革为"三农"问题的解决提供了基础保障。

近年来，随着乡村建设的推进，国家在农业现代化、智慧农业、土地政策、扶贫攻坚、农业旅游、金融支持等方面都发布了一系列政策。而持续性最强且对乡村改革影响最大的政策就是土地政策。换句话说，土地政策的支持是一切乡村发展路径的基础，乡村振兴的发展要通过土地政策的改革来推进。目前，土地改革的重要内容主要包括三个方面：农村土地承包经营权改革、农村宅基地制度改革与农村土地征收制度改革。

（一）严格保护农户承包权

在农村土地确权基础上，2016年10月，中共中央办公厅、国务院办公厅印发《关于完善农村土地所有权承包权经营权分置办法的意见》，明确农村土地所有权、承包权、经营权的三权分置格局。

党的十九大报告中进一步明确"保持土地承包关系稳定并长久不变，第二轮土地承包到期后再延长三十年"，这必将带来农村土地的规模化流转，使土地流转进入新时代。

（二）保障农户宅基地用益物权

2014年我国"三块地改革"正式进入试点阶段。在宅基地制度改革方面，探索不同区域户有所居的多种实现形式；对因历史原因形成超标准占用宅基地和一户多宅等情况，探索实行有偿使用制度；探索进城落户农民在本集体经济组织内部自愿有偿退出或转让宅基地，并明确兼顾不同发展阶段和模式的试点选择原则。此后，农村宅基地改革不断加速，这些政策在保障农户宅基地用益物权的基础上，加速了农村宅基地的改革进程。

2015年开始的宅基地改革试点主要从三个方面探索了农村宅基地管理的新路径。退出的宅基地可整理支持发展乡村旅游，2017年中央一号文件强调，允许通过节约的建设用地采取合理的方式，对乡村休闲旅游养老等产业进行重点支持，大力推进农村三产的融合发展。各地开始尝试使用退出的宅基地发展乡村旅游。

超标的宅基地可授权有偿使用，如宁夏回族自治区平罗县，在按照一户一宅、面积法定原则进行确权登记的基础上，对超占面积农户一次性收取有偿使用费。

确权的宅基地可与房屋一同申请贷款，如青海省湟源县，通过搭建农村住房财产权（含宅基地）抵押贷款担保平台，为抵押农户提供"以奖代补"的惠农贷款担保，助力乡村旅游、养殖等产业发展。

（三）全方位保障农民征地后的利益

相关政策强调，除补偿农民被征收的集体土地外，还需对失地农民进行就业培训、保障被征收农民的城镇社会保障，同时有条件的地方可采取留地、留物业等方式安置失地农民。在征收办法方面，强调制定缩小征地范围的办法。在全国试点工作中，农村集体经营性建设用地改革主要从三个方面进行了尝试与突破。

①土地抵押融资。在总原则（即国有土地与集体经营建设用地"同权同价"）这一前提条件下，抵押贷款权是集体经营建设用地拥有的权利，融资可以应用土地抵押的方式进行。如北京市大兴区把土地入市后的"未来收益"作为抵押，推出村镇（环境）整治建设贷款、小城镇建设基金等金融服务，为大兴区相关项目建设提供了启动资金。

②调整分散零星土地并使其集中入市。土地统筹，集中入市的方式在试点县普遍应用，其原因是试点县土地分布不均，碎片化严重。如四川省郫都区将集体建设用地指标在扣除集中居住区建设使用指标和新增有效耕地后，节余产业发展预留区在符合规划的前提下入市，成功将零星分散的集体经营性建设用地调整集中入市。

③土地收益调节机制的建立。增加农民收入是土地改革的一个重要目的，支持农村可持续发展也是土地改革的重要目的。如大兴区通过制定增值收益调节金征收使用管理办法，调节收益分配，在保证农村基础建设资金基础上，使企业、村集体、农民都受益；浙江省德清县则不直接分配入市收益，而是将资源性资产转变为经营性资产，以折股量化的形式用于壮大集体经济，推动农村经济社会全面、协调、可持续发展。

二、乡村土地获取的八大策略分析

（一）乡村土地的可利用类型

1. 集体农用地

用于农业生产的耕地、设施农业用地、林地等被称为农用地。在我国，农用地保护措施的实行非常严格，对农用地向非农用地转化的管控也非常严格，同时，严守耕地红线。在我国农村地区，农业生产者的构成已发生深刻变化，农业经营的主体由原来的农民逐渐转变为家庭农场、农业企业等，土地流转成了普遍现象，发展趋势逐渐向土地规模化经营靠拢。

2. 集体建设用地

宅基地是集体建设用地的一种。集体建设用地还包括公益性公共设施用地等。宅基地是农村土地改革的重中之重。农民最大的财产是宅基地及依附其上的房屋，由于城乡二元制度的限制，同等同权在城乡一直也没有实现，农民的房屋没有产权，不能转让或抵押。

3. 未利用地

除农用地和建设用地以外的荒草地、沙地、裸岩等被称为未利用地。随着用地指标越来越紧张,国家出台的一系列政策鼓励有效利用未利用地,并给予一定的补助来进行基础设施的建设。未利用地使用权的获得一般通过承包、租赁或拍卖,然后进行治理。但是对于一些"四荒"来说,由于其条件差、群众单户治理有困难,所以,在流转给个人之前可先由集体经济组织做出规划。

(二)如何获取农用地

1. 土地转让

土地转让即在发包方同意的前提下,与土地承包人签订土地转让合同协议,获得其所拥有的未到期土地的承包权与经营权,这里的发包方一般是指农民集体经济组织。土地转让成功后,原土地承包人所享有的使用、流转、抵押、退出等各项权益将转移给受让对象。此类获取土地的方式较为严格,需经过发包方的同意,如果出现承包方不具有稳定的非农职业或者稳定的收入来源,或者转让合同不符合平等、自愿、有偿原则,或者受让方改变了承包土地的农业用途,或者受让方不是以农业生产经营为主要目的,或者本集体经济组织内其他成员提出要优先享有等情况,发包方有权不同意承包方与受让方之间的合同。

2. 土地租赁

土地租赁即在与土地承包人或土地经营人进行洽谈磋商的基础上,以承租的方式,签订土地租赁合同协议,获得一定期限的土地经营权,并按一定方式付给出租方实物或货币。签订土地租赁合同后,需要向农村集体经济组织上报以便其存档,但是农村集体没有许可证只限于存档,这是它与土地转让的不同之处。另外,对于这一模式来说,出租的仅是土地的经营权,承包权仍属于出租方。

3. 土地作价入股

土地作价入股合同的签订要以自愿联合为基础,土地权利人与投资者的股份合作是一个公司或经济实体组成的过程,它是土地权利人拥有的土地使用权和投资者的投资共同组成的,这个公司或经济实体从事农业生产。入股的土地评定股数的标准一般是产量,并将其作为取得土地收益分红的依据。

(三)如何获取建设用地

1. 通过土地征收

土地征收是将农民集体所有的土地转化为国有土地,并依法给予其合理补偿和妥善安置的一种行为。其征收的对象主要有集体农林用地与集体建设用地。其中，依据城镇建设用地与乡村建设用地增减挂钩政策，将集体农林用地转为国有建设用地，通过建新拆旧和土地复垦，不增加建设用地总量、不减少耕地面积、不降低土地质量，从而使用地布局更加合理。另外，这一性质土地的征收需要先办理农用地转用审批手续，转为建设用地，再办理土地征收审批手续，转为国家所有。而对于集体建设用地来说，相对简单，可直接进入土地征收流程。土地征收有严格的国家规范与流程，这里不再赘述。

2. 农村集体经营性建设用地入市

农村集体经营性建设用地是农村建设用地的一种，它具有生产经营的性质，包括旅游用地、工矿仓储用地等。中华人民共和国境内外的公司、企业、其他组织和自然人，除法律、法规另有规定外，均可依照规定取得集体经营性建设用地使用权，进行开发、利用、经营。

3. 宅基地入市

通过实践经验，有效利用宅基地的方式主要包含以下几种。

第一，转让与出租使用权。义乌市在农村宅基地制度改革试点工作中，探索建立农村宅基地使用权转让制度，对已完成农村更新改造的村庄，允许宅基地使用权在本市集体经济组织成员间跨村转让并办证。

第二，通过村庄整治、宅基地有偿退出等措施，产生节余指标，利用"城乡建设用地增减挂钩"政策，调整入市。采用这一模式的试点有很多，建设集中安置房，以宅基地换房，提高建设用地的集约利用，并拆旧复垦节余的宅基地，产生建设用地指标，然后调整入市。城乡建设用地增减挂钩节余指标在以前多数是在省域内进行调剂，另外，随着城镇化进程的不断加速，在城市落户农民的宅基地大多闲置，有偿退出机制对改善这一问题大有益处。

第三，利用集体建设用地建设租赁住房。在试点城市，村镇集体经济组织可以自行开发运营，也可以通过联营、入股等方式，集体租赁住房的建设运营一般利用的是集体建设用地。

第四，特殊政策规定的利用。比如，国务院提出，支持返乡下乡人员发展农家乐，农家乐的发展可以依托自有和闲置农房院落。

宅基地入市后的用途要严格把控。在2018年中央一号文件中明确提出一个"不得"和"两个严格"。一个"不得"是指不得违规违法买卖宅基地，"两个严"是指严格实行土地用途管制、严格禁止利用农村宅基地建设别墅大院和私人会馆。

4."四荒地"利用

近些年来,"四荒地"在一系列政策的支持下逐渐成为市场争取利用的对象,"四荒地"包含荒山、荒沟、荒丘、荒滩四部分。《关于积极开发农业多种功能大力促进休闲农业发展的通知》鼓励利用"四荒地"发展休闲农业,对中西部少数民族地区和集中连片特困地区利用"四荒地"发展休闲农业,其建设用地指标给予倾斜。在各地出台的有关支持特色小镇的土地政策中,"充分利用低丘缓坡、滩涂资源"的政策指向是非常常见的。

第四节 乡村文化与乡村振兴

一、乡村文化的构成

物态文化、制度文化、行为文化、精神文化是乡村文化的四个组成部分。其中,除物态文化外,制度文化、行为文化、精神文化都是无形的,都需要借助载体进行呈现,在文化传承与更新方面难度较大。

(一)物态文化

物态文化是具有物质实体的文化事物,它是可以触知的,如乡村建筑、生产生活资料、劳动产品等。物态文化具有直观性,是乡村文化的最直接呈现。乡村的物态文化包含两个部分,一是当下的生产生活物品,二是历史物质遗存。

(二)制度文化

制度文化是一个规范体系,它是由正式和非正式制度、规则形成的。在物质生产生活过程中,乡村社会成员所结成的各种社会关系的总和就是制度文化,包括成文的乡约村规等行为规范,也包括生产生活组织方式、礼仪规范等未成文的习惯性行为模式。

(三)行为文化

在日常生产生活中,乡村社会成员慢慢衍生出来的习惯风俗就是行为文化,包括日常生活习惯(早睡早起等)、文艺表演(社区戏曲表演等)、传统节日(播种节、中秋节等)以及其他方面。在历史发展中,行为文化是乡村价值取向的累积与熔铸。行为文化有以下几点作用:①对乡村社会成员的交往礼仪有维持的作用;②内化为乡村社会成员的言行举止;③外化为乡村社会成员的生活方式。

（四）精神文化

精神文化是乡村社会成员在生产生活中逐渐建立起来的价值观念，包括家族文化、宗教文化、乡村审美、孝道文化等。精神文化具有价值导向，物态文化、制度文化、行为文化本质都源于乡村的精神文化。

二、乡村文化振兴的现实瓶颈

我国以农立国，乡村是中华民族的发源地与繁衍地，乡村文化也一直是社会文化的核心组成部分。经历过工业革命后，农业从经济主战场退出，乡村文化精神内核也受到前所未有的冲击。农民日常生活形态的解体、农村公共生活形式的消逝以及地方文化生活的淡出共同造成了乡村文化的衰落。乡村曾经意味着青山绿水、充满人情味的邻里、温馨安定的生活和热闹欢庆的氛围。近年来，随着不断增大的城市生活压力以及逐渐回归的传统文化，人们开始重新审视乡村及乡村文化的价值与意义。

（一）乡村文化振兴内生动力不强

乡村文化的延续是通过乡村社会成员的后天习得来进行的。乡村年轻劳动力向城市的单向流动，带来了乡村人口的"老龄化"和乡村的"空心化"，造成乡村文化振兴人才缺乏。这就使得老人成了乡村主要的常住居民，从而导致无人继承乡村的传统文化。或者有部分年轻人还居住在一些乡村中，但是他们的工作大多也在城镇，对乡村文化知之甚少，难以领悟其价值，也就不愿意继承乡村文化。

（二）乡村文化振兴外部供血不足

受到乡村"老龄化""空心化"和乡村人才流失的影响，乡村文化振兴缺乏新鲜血液和新鲜思想，难以支撑新时代新农村建设、现代农业发展和乡村文化振兴的重任。乡村公共文化建设主体是政府，单一的投资主体带来巨大的资金压力，导致资金投入不足，难以满足乡村文化振兴中的文化建设需求。此外，缺乏必要的政策支持和引导，导致乡村文化活力不足、缺乏生机，乡村公共文化资源涣散，乡村文化建设制度不健全，乡村文化管理粗放，影响乡村文化的有序良好发展。

（三）优秀的乡村传统文化传承乏力

我国是一个农业大国，农耕文化历史悠久，广大乡村具有深厚的文化积淀、丰厚的文化资源和传承千年的优秀传统文化。这些年来，广大乡村发展随着城镇化进程的加快面临的挑战日益增多，例如，一些非物质文化濒临消失，一些地方传统手工艺无人继承，一些具有地方特色的传统建筑没有得到很好的保护，这些都使得乡村文化振兴面临着巨大的挑战。

没有现代化的乡村，就没有中国的现代化，没有乡村的文化传承，就谈不上真正意义上的乡村振兴。乡村文化振兴，要以社会主义核心价值观为引领，要稳扎稳打地坚实推进，要加强农村公共文化建设，要加强农村思想道德建设，要尊重不同的乡村文化，要宣传乡村优秀传统文化的传承，要保留乡土的味道，要留得住青山绿水，要记得住乡愁。

三、乡村文化振兴的策略分析

（一）健全基层公共文化建设

1. 提升公共文化服务效能

注重乡村公共文化设施的实用性，避免成为摆设的尴尬局面。一些村庄配备的单杠、双杠等健身器材和农家书屋的利用率不高，多数成了摆设，形成一种浪费，从某种程度而言，是有悖于乡村文化振兴的。因此，乡村文化振兴，需要配备切实满足农民实际需求的、实实在在能给农民带来精神享受的乡村文化产品，提升乡村公共文化服务的效能，避免造成浪费。

立足乡村文化建设的短板，加强乡村综合性文化中心、乡村文化礼堂或乡村文化活动室等乡村公共文化活动场所的建设，完善基层文化基础设施配套。依托乡村综合性文化中心，常态化开展文化惠民的戏曲、演出活动，丰富群众的文化生活，提高设施的利用率。

2. 开展乡村文化志愿服务

实施文化惠民，积极发展乡村文化工作和志愿服务。成立乡村文化服务志愿者组织，招募乡村文化工作志愿者，充实乡村文化人才队伍，助推乡村文化振兴发展。开展校村合作模式，成立乡村文化工作站，以高校学生团体为主体组建志愿者队伍，面向贫困村、留守村、空心村等经济发展相对落后的村庄提供文化工作服务以及协助村干部开展其他服务，以高校专业优势，服务乡村文化发展。组织文化志愿者开展文化辅导、培训、活动、专题讲座，加大基层文化人才辅导培训力度，积极培育基层群众文化人才，加强基层人才队伍建设。

3. 繁荣乡村题材的文艺创作

扶持农村题材文艺创作,鼓励作家、艺术家创作一批具有浓郁乡村特色、充满正能量、深受农民欢迎的农村题材文艺作品,为乡村文艺创作营造良好的氛围,注重新元素融入,推动乡村文化创新发展,为乡村文化振兴创造新生命。

4. 加强基层公共文化服务阵地建设

大力实施乡村文化设施工程。按照党的十九大提出的"实施乡村振兴战略"的要求,研究制定各地乡村文化振兴规划。统筹建设基层文化宣传、党员教育、科学普及、体育健身等各类活动场所。遵循共享的理念,推动县、镇、村文化实现互融共通,扩大公共文化服务覆盖面,打通文化服务"最后一公里"。

5. 开展丰富多彩的群众性文化活动

文化是乡村振兴的灵魂,但乡村邻里之间逐渐疏离,乡村邻里之间的向心力和凝聚力逐渐减弱,导致了乡村文化的逐渐衰落。采取各种有效形式激发农村传统文化活力,开创"自我参与、自我创造、自我享受"的文化新模式,推动全民参与公共文化产品的生产和供给,丰富乡村文化生活。组建乡村艺术团,举办一场文化活动,将全村村民凝结成一个整体,增强邻里之间的凝聚力和向心力,这就是文化的力量。开展丰富多彩的群众性文化活动,把优秀的影视曲艺、图书期刊、科普活动、文艺演出、全民健身活动送到农民中间,丰富农民群众文化生活。

(二)传承优秀传统文化

1. 优秀传统文化的传承和弘扬

(1)培养村民文化保护意识

乡村孕育了乡村优秀传统文化,乡村村民是乡村优秀传统文化的生产者和传承者,是乡村优秀传统文化传承和弘扬的内生动力。乡村优秀传统文化的传承和弘扬是一项长期性、持续性的系统工程,树立村民的主人翁意识,培育村民的乡村文化保护意识和自觉性,从而传承和弘扬乡村传统文化。

(2)加强宣传教育

加强宣传教育,挖掘乡村优秀传统文化,对具有传统地方乡村特色的民间技艺、戏剧和习俗进行整合,以非物质文化为重点,推动其进校园、进社区、进单位,拓宽受众范围,让更多的受众能够有机会认识、了解优秀传统文化,从而更好地促进优秀传统文化的保护和传承。对乡村优秀传统文化的宣传渠道进行拓展,对优秀传统文化进行创意化包装和宣传推广,让优秀传统文化引领新时代、新生活、新体验,潜移默化地传承和弘扬优秀传统文化。

(3)激活传统文化

只有活化优秀传统文化,才能更好地延续传统文化血脉,为乡村振兴注入文化新动能,助力乡村振兴。激活传统文化,对优秀传统文化进行固化、物化、活态化开发,打造成可观、可赏、可感、可触、可体验的有形载体,如融入传统文化的乡村旅游标识系统,借助现代高新科学技术建立非物质文化博物馆、数字影像馆,运用 AR/VR 等虚拟现实技术活化、再现优秀传统文化等,使优秀传统文化得以更好的推广与延续。

(4)成立相关组织

成立相关的乡村文化组织,如乡村文化理事会、乡村文化云等。通过乡村文化组织来统一管理、宣传和推广乡村文化事务,从而大力传承和弘扬乡村优秀传统文化。

2. 乡村文化的传承和发展

优秀乡村文化,既包括有形的物质文化,又包括传统手工艺、节日活动等无形的非物质文化。物质文化具有有形的载体,非物质文化是老百姓生产生活的"活化石",注重有针对性地开发和保护乡村文化,有助于对乡村文化的传承和弘扬。

(1)加强乡村物质文化保护

①加强乡村历史文化普查。俗称"摸清家底",即全面调查、清点乡村历史文化资源并登记在册,为保护与开发农村传统文化提供决策依据。

②加强对乡村物质文化保护。乡村物质文化类型包括传统古村落、土地资源、地方特色农业生产。加强对乡村物质文化保护,可以坚持"生产中保护,保护中生产"的原则,实现"保护传承"与"生产经营"双赢的局面,促进乡村振兴。

乡村物质文化的重要组成部分包含了传统的古村落。因年代久远,一些传统古村落正处在逐步消失的尴尬境地,亟待修缮与保护。加强对传统古村落的保护,一方面是申请专项扶持资金,对传统古村落进行修缮性保护,另一方面是在保护的前提下,对传统古村落进行旅游化开发,打造一系列具有传统文化特色的深度体验性旅游产品,形成文化旅游名村(镇),如皖南的宏村、呈坎等传统古村落,为传统古村落赋予新的生机与活力,通过"生产中保护,保护中生产",提升传统古村落的经济式垄断和社会效益,助力乡村振兴。

（2）加强乡村非物质文化遗产的保护

①乡村非物质文化的保护与传承。对乡村非物质文化予以保护，使其焕发新的生机和活力，保护乡村非物质文化的方式有建立档案、留存史料、培训传承人等。注重非物质文化的传承和弘扬，培养一批"新鲜血液"，加强与院校合作。一方面利用高校师资资源，打造非物质文化遗产研究及培训基地，举办非物质文化培训活动，同时鼓励学校设立非物质文化方面的专业，开展相关的专业课程教学，培养专业人才；另一方面，使非物质文化以戏曲（剧）演艺等方式走进院校，让学生近距离接触、深度体验非物质文化，让学生在耳濡目染中感受非物质文化的魅力。

②乡村非物质文化的弘扬与开发。对乡村非物质文化，特别是传统手工技艺，探索通过生产性保护模式实现传承与利用。激活乡村非物质文化资源，提升乡村非物质文化的附加值，让乡村文化振兴助力乡村经济振兴。通过与文化旅游相结合，进行深度的创意创新化开发，申请专项资金扶持，塑造非物质文化品牌形象，将非物质文化以各种可看、可赏、可体验的方式进行现代化转化，打造成各种文化旅游产品项目，既是对非物质文化的传承和弘扬，同时使其更好地融入人们的现代生活中，丰富当地群众的文化生活，还带动当地乡村经济发展，形成良好的经济和社会效益。

③乡村非物质文化IP品牌的塑造。梳理乡村优秀传统文化中的非物质文化，挖掘提取非物质文化遗产中能引起现代人共鸣的文化符号，按照现代人的审美，对其进行创意创新化设计，塑造非物质文化IP品牌。让非物质文化融入现代审美，进入当代人的生活中，创新营销手段和营销方法，实现非物质文化由资源向产业转化。加强与高等院校的合作，利用高校的师资资源，开设非物质文化传承人研修班，提升非物质文化传承人的设计创新能力，紧跟时代发展步伐和消费市场需求，创新设计非物质文化IP周边产品。

3. 繁荣发展乡村文化产业

深度挖掘乡村文化内涵，梳理整合各类乡村文化资源，实施乡村文化产业振兴工程，将特色文化资源转化为发展动力，培育发展乡村传统工艺和民间艺术，如剪纸、雕刻、绘画等文化产业，打造结构合理、特色鲜明的乡村文化产业发展格局，建设特色乡村文化传承创新示范区。开展以乡村传统工艺作为重点的传承人培训，扩大乡村工艺生产者队伍。加强对传统工艺的传承和创新，提高传统工艺产品的设计、研发水平，保持文化的生命力和创新力。提升传统工艺的生产力，将乡村传统工艺转换成产品，打造文化创意品牌，促进线上线下的推介、展示和销售，积极探索传统工艺产品的体验式营销，将乡村传统手工技艺转换成生产商品，形成乡村经济增长点，带动乡村经济发展，让乡村文化成为乡村振兴发展的动力。

4. 构建"文化+"产业链

乡村文化振兴，离不开产业的发展。大力实施乡村文化发展战略，发展文化产业，构建三产融合、多元互动的乡村特色产业发展模式。推动乡村文化与旅游融合发展，对乡村文化内涵进行深度挖掘，对乡村旅游文化产品的开发持鼓励的态度，从而塑造乡村旅游文化产业。对乡村文化旅游奖励扶持政策进行完善，对重点文化旅游项目从资金方面进行大力扶持，丰富乡村旅游业态和产品，促进一二三产业深度融合，推动乡村文化与休闲农业融合发展，发展文创农业。

（三）创新融合发展乡村传统文化

1. 去糟取精

乡村文化振兴，对优秀传统文化的传承不是简单地复制，而是新形势下的文化继承与创新。乡村文化的背后可能是一整套的乡村秩序，附着信仰、规训、惩戒、价值、教育、传承等，从而形成一定的乡村文化秩序。当代社会，要辩证地去看待乡村传统文化，有些传统文化在当代看来或许是陋习，但是对于千年流传的传统，要关注其产生的历史背景和社会环境，对于乡村传统文化，要去其糟粕取其精华，进行创造性转化和创新性发展，有机结合，在保养和摒弃中创新发展。

乡村文化振兴，不能背离传统的乡村土壤，更多的是对传统乡村文化的一种延续和深化。立足于乡村文化本身，结合新时代的发展特征，吸收和接纳城市文化和现代农村中的有益元素，对传统乡村文化进行批判与继承，对新生文化进行创造重构，去其糟粕，取其精华，实现乡村文化的再造转型和有机更新。

2. 统筹谋划

乡村文化振兴，需要统筹谋划，全面考虑，协调推进，创新融合。统筹乡村文化振兴与美丽乡村建设，一村一主题，注重规划设计和文化融入。将美丽乡村建设过程作为对文化挖掘整理、保护开发的过程，使文化元素充分融入美丽乡村建设中来，展现乡村特有的人文景观、传统习俗、特色文化等，形成"一村一特色"。

统筹乡村文化振兴与乡村经济发展，大力发展乡村文化产业，通过文化搭台，促进文化产业与休闲农业、乡村旅游、研学教育、康体养老等相关产业深度融合，因地制宜，培育一批乡村文化旅游精品产品，拓宽农民收入渠道，增强农民的幸福感、获得感。遵循多规合一的理念，统筹乡村旅游规划、乡村环境保护规划等相关规划，做好规划衔接，注重规划设计中融入乡村文化元素。

（四）开展新时代文明传习

乡村振兴，文化是灵魂，乡村振兴离不开乡村传统文化的重构。既要传承优秀传统文化，让乡亲记住乡愁；又要与时俱进，开展新时代文明传习，培育乡村文明新风尚，焕发乡村文明新气象。

1. 建设新时代文明地

在新时代背景下，充分运用社会主义核心价值观和新时代中国特色社会主义思想引领乡村文化振兴。充分利用文化礼堂或非遗传习所等，使之成为文化教育主阵地，开展新时代文明传习教育，宣讲新时代中国特色社会主义思想，宣讲乡村振兴战略，宣讲惠农、强农、富农政策，宣讲实用技术、实用技能，宣讲乡村新风正气、身边好人好事，塑造广大农民群众的精神家园。深入挖掘社会主义核心价值观的传统文化渊源，改善农民的精神风貌，培养健康心态，引导广大农民积极向上、向善、创造美好幸福生活。

建立乡村文化志愿服务站，聘请新乡贤、学校教师、在职或退休干部、乡村传统文化人才等在信息服务、农技传授、文化活动、邻里互助等方面进行宣传普及科学理论宣教。发挥乡村基层党员干部、道德模范的示范带动作用，以身边的人和事为教材，教育引导广大农民群众见贤思齐、崇德向善。

2. 发挥村规民约作用

村规民约是乡村善治的重要内容。培育文明新风尚，重视和挖掘传统的村规民约、家规家训中的优秀文化因素，推陈出新，塑造现代乡村新风貌。

村规民约具象化为日常人际交往基本准则，使之成为人们处理人情往来、邻里关系和社会公共事务等的参考。构建以社会主义核心价值观为基本行为准则的，以互助、友善、诚信为基本特点的乡村社会关系的村规民约。

3. 培育文明新风尚

建设乡村文化大讲堂，发挥文化对文明乡风的引领作用，培育文明乡风、良好家风和淳朴民风，改善农民的精神风貌。组织文化下乡惠民服务，办好"文化惠民，服务群众"，开展全民阅读、农村公益演出等公益性文化惠民活动。普及乡村文化志愿服务，推动形成互帮互助、向上向善的良好社会风尚。为基层群众提供各类文化艺术展示平台，丰富文化产品服务供给，实现文化服务普惠大众。以文化来提升村民生活品质，引领乡村文明进步，培育乡村文明新风尚，让乡村成为人们的精神家园。

4. 营造乡村文化新气象

挖掘乡村传统文化精髓，实施乡村文化品牌工程，营造乡村文化新气象。推广具有鲜明特色和社会影响力的文化服务项目。做大做强乡村大舞台文化活动，提升乡风文明的软实力，展现文明乡风、良好家风、淳朴民风等良好社会风貌，焕发新农村活力。打造一批具有影响力的文化艺术品牌。举办乡村文化旅游节活动，使之成为乡村文化交流的平台和窗口，营造乡村文化新气象。

例如，忠山村位于福建省三元区岩前镇辖区内，历史悠久，古风淳朴。相传旧时村子是由大大小小18个寨子组成，故古名十八寨。忠山村相继被评为中国历史文化名镇名村、中国传统村落、省级历史文化名镇名村、三明市历史文化名镇名村、三明市首批中央红军村。三元区实施乡村振兴战略，充分发挥乡愁文化、红色文化和民俗文化，展现文化自信，策划举办忠山十八寨乡村文化旅游节，通过民俗表演、古寨寻宝、急脚尊王祭祀及回宫、红色体验、图片展、百桌宴等活动，吸引众多游客共同体验忠山村的古村古韵，彰显忠山村十八寨文化新气象。

5. 深入开展移风易俗行动

深入开展移风易俗行动，应该要惩戒不良，除恶扬善，坚决依法惩处违法行为，坚守道德底线。

深入开展移风易俗行动，充分利用农村文化礼堂、农村文化活动中心等乡村公共文化活动场所和资源来教化民众、淳化民风，通过开展文明村镇、文明家庭等群众性精神文明创建活动，开展新时期新模范、新典型的宣传与弘扬活动，提高农民的科学文化素养，坚持对不良风气和行为进行曝光、监督，遏制厚葬薄养、人情攀比等陈规陋习。深入开展殡葬改革综合试点，把公益墓地建设作为民生需求和移风易俗的重点项目加以推进，推动文明祭祀，改变农村陈规陋习。在治理陋习的同时，坚持治建同步，用健康、简约、文明的新习俗取代陈规陋习。

（五）健全乡村网络文化

1. 完善乡村公共文化网络体系

完善乡村公共文化网络体系，建设乡村文化网络载体。乡村文化网络载体的特点有简便易用、服务规范、资源充足、高效快捷。在乡村公共文化体系中，注重移动互联网新媒体的应用，注重乡村居民互联网应用技术水平的提升，推动网络文化建设惠及广大农民群众。加强农村网络基础设施建设和互联网信息技术的运用，推进"信息乡村"、乡村文化网络服务平台和乡村文化网络内容等建设，为乡村文化振兴提供网络支撑和工作载体。构建防范有效、安全可靠的乡村公共文化网络管理控制机制，以达到对乡村公共文化网络媒体的有效监管。

2. 创作乡村题材网络文艺作品

创作一系列新型优秀乡村文艺作品，包括网剧、网络文学、音乐，微电影等，这些优秀的乡村文艺作品的主要题材一般是乡村民俗、风貌，农村生活等。通过新媒体和自媒体的充分利用，对优秀乡村文艺作品进行多平台展示、多渠道传输，丰富乡村文化作品内容，促进乡村文化作品的有机更新。

3. 深入开展乡村网络公益活动

充分利用网络宣传平台，包括网站、微博、微信等，围绕惠农助农、脱贫攻坚等主题，对各类乡村网络公益频道进行打造，对乡村网络公益主题作品进行积极推送，进而推广乡村网络公益理念。聚焦乡村特色，精心打造具有较强影响力和公信力的乡村网络公益项目品牌和乡村电商品牌。统筹整合全社会的力量，共同参与乡村网络公益活动，构建完善的乡村网络体系。

（六）培育乡村文化人才

充分发挥乡村文化振兴中人才的主导作用，首先，发挥政府在乡村文化振兴中的政策、资金和技术等方面的引导和支持，以及政府权威对乡村传统文化的保护；其次，农民是乡村文化振兴的内生动力，尊重农民的主体性、积极性和创新性，有利于促进乡村传统文化的可持续性；最后，借智汇力，集聚社会力量广泛参与，有利于促进乡村传统文化的保护、传承和发展。

1. 培训基层党员干部

加强乡村基层党员干部培训，提升他们的乡村文化服务能力。通过培训教育和宣传等手段，发挥基层党员干部和乡村文化工作人员在乡村文化发展中的主导地位和带头引导作用，提升他们对乡村文化发展的重视，为乡村文化发展营造良好的环境。

2. 培育乡村本土人才

乡村文化振兴的主体是乡村本土的农民，他们既是乡村文化振兴的受益者，也是乡村文化振兴的内生动力。因此，要注重乡村文化振兴的内生性，培养农民的文化自觉意识。同时要注重加强对乡村传统文化人才的培养，制定完善的乡村文化人才培训制度，一方面提升他们的文化水平和政治素质，另一方面与时俱进，提升他们的传承创新能力，促进优秀乡村传统文化的传承与创新。

（1）培养农民文化自觉意识

注重培养和提升农民的文化素质和文明素养，培育农民的文化自觉意识，将更多的农民变成自觉的传统文化传承人。

（2）培育乡村文化人才

依托乡村文化礼堂、祠堂等地，建设乡村文化人才实训基地，加强对乡村文化人才的培训，丰富培训内容和培训形式，提升乡村文化人才的素质水平和创新设计能力，从而更好地促进对乡村文化的传承与创新。

加强对民间艺人、文化示范户等乡村传统文化人才的培训，一方面定期开展培养活动，举办培训班，拓宽他们的文化服务渠道，引导鼓励他们排练举办健康向上、形式多样的乡村文化（演艺）活动，并"走出去"，加强对外宣传与交流，弘扬和传承本地乡村文化。另一方面在资金、场地、设施等方面予以一定的扶持，提高他们参与的积极性。

重视乡村本土文化人才的选拔、培养和使用机制的建立，为优秀文化人才成长和发展营造良好政策环境，建立健全乡村文化人才骨干网络，使乡村文化的管理人才与专业人才、土生土长的文艺骨干、乡村文化能人、民间传统艺人等和谐共生。

3. 广纳社会群智群力

（1）广纳社会文化人才

制定出台乡村文化人才引进政策，吸引选拔一批热爱乡村文化的文化能人、大学生、退伍军人等各方面人才加入乡村文化建设中来，广纳社会群智群力。

（2）营造良好的乡村文化人才环境

完善乡村文化人才引进政策和体制机制保障，解决其住房补贴、子女上学、医疗保障等方面的问题，让广大外来社会文化人才对乡村产生认同感和归属感，吸引并留住广大社会文化人才，壮大乡村文化人才队伍，为乡村文化振兴提供人才支撑，让社会人才在乡村优美的环境中安居乐业。

（3）完善乡村人才培训制度

建立健全乡村文化人才培训制度，加大培训力度。对乡村文化骨干和工作人员定期开展培训，提高其政治素养和文化水平。

（七）加强组织领导

1. 加强乡村文化管理

（1）加强组织领导

加强组织领导，提升基层组织的战斗力、凝聚力和向心力，充分发挥基层干部和党员在乡村文化建设中的核心带头作用。

（2）发挥文化在乡村善治中的作用

挖掘乡村文化中的优秀传统元素，树立良好道德风尚，弘扬传统文化，打造文明社会风气，营造良好社会氛围。发挥优良家风家训的正向外部效应，推动社会文明进步，引导社会新风尚。以家风带民风，以民风促乡风，打造风清气正、文明和谐的美丽乡村。加强乡村德治建设，倡导以德治村，通过道德力量，规范道德行为，推动乡村崇德向善。

2. 强化政策保障

建立和完善乡村优秀传统文化保护与发展的政策法规体系，制定出台加强农民思想教育和乡风文明建设的具体指导意见，为乡村文化振兴提供政策保障，营造良好的政策环境。

3. 加大资金投入

建立乡村文化保护和建设专项资金。对乡村文化振兴项目进行积极申报，全力争取国家层面的支持，包括政策方面、项目方面和资金方面，对资源和资金进行整合，从而加大乡村文化建设支持和倾斜度。坚持政府主导，全面落实乡村文化设施运行管理经费，按照一定的比例将其列入市县财政预算，为乡村文化设施运行提供保障。对乡村重点文化产业，包括乡村的文化旅游、文化创意等，给予一定的项目和资金补助。

4. 拓宽投融资渠道

遵循共谋共商、共建共享理念，建立多元化投入机制，吸引社会力量投入乡村文化建设。拓宽乡村文化振兴资金来源渠道，采用"众筹"方式来筹集资金：一是政府资金投入；二是村民自筹资金，采取村民"自筹"方式获得一些公共性文化设施及活动经费，如农家书屋、农民演出团等；三是社会众筹，即通过乡贤、能人、志愿者以及社会组织等公益性捐赠方式获得资金。

5. 完善机制改革

建立健全乡村文化振兴工作机制。加强乡村文化建设的考核力度，建立健全乡村文化建设考评体系。

6. 拓展宣传渠道

拓展乡村文化宣传推广渠道，提升乡村文化要素的辐射力，让乡村文化建设接地气、聚人气。立足乡村发展实际，有针对性地采用传统的宣传渠道开展乡村文化传播，采取乡村文化墙、宣传栏、广播、文化宣传手册和海报等群众喜闻乐见的方式进行宣传推广，使得乡村文化建设接地气。同时，借助网站、微信、微博等新媒体，制作宣传推广反映乡村优秀传统文化、先进个人事迹的作品，充实农民的文化生活，提高乡村社会文明程度，促进乡村文化建设聚人气、暖人心。

7. 建设农村组织

加强乡村组织建设，提升农民集体意识，重构乡村熟人社会环境，构建以家庭为核心，以亲缘和地缘关系为基本纽带的彼此密切依赖的伦理法制的乡村熟人社会关系。各种乡村集体组织，如乡村文化理事会，将农民由独立的、分散的个体统筹到各个集体组织中，增强农民对村集体的归属感和认同感。

（八）创新农耕文化旅游

农耕文化是乡村文明的核心，也是我国传统文化的源头。农耕文化的传承，除了要加强文物、建筑、农田的保护力度外，还要通过创造性载体实现创新性的发展。

1. 我国农耕文化的历史传承和价值转换

"四体不勤、五谷不分"曾经是讽刺不事稼穑、不辨五谷，脱离生产劳动，缺乏生产知识的农村游手好闲者和书呆子之言，现在却成了城市化进程中大多数人的画像特征。越来越多的人脱离了农业生产，加之以规模化、机械化为主的现代化农业的发展，我国传统农耕文化日渐远离人们的生活，因此，保护和传承我国农耕文化变得日趋紧迫和重要。

当故乡的泥房子坍塌，当城镇化建设摧毁了故土风貌，当房地产建设改变了家乡的空间场域，当我们的工作和生活中不再需要和农具发生任何关系，我们该以什么样的方式对故乡和我国农耕文化进行妥善的保护和传承？

因此，我国农耕文化博物馆及各地农耕文化博物馆的成立更显得极为重要，搜集、整理、设立农耕文化博物馆，各级各地政府一定不能缺席、拖延和敷衍这项工作。

对于普通市民来说，除了参观和了解农耕文化博物馆外，应该有更多的机会和方式参与、体验农耕文化，加深对我国农耕文化的了解，增强对我国农耕文化的兴趣和记忆。

农耕文化的深度体验需要通过旅游化方式进行创新,将我国农耕文化融入现代人的休闲、娱乐以及衣、食、住、行、学、商、养等日常生活中。通过喜闻乐见、互动参与的方式,让现代人学习农耕文化知识,传承精耕细作、精益求精、勤劳坚强、只问耕耘不问收获的优秀精神,并指导现代人的生活、工作和学习。比较而言,主题游乐等体验方式更利于农耕文化的传播与发扬。

2. 我国农耕文化的旅游化创新方法

(1) 将非遗古法工艺展示活态化

我国是历史悠久、幅员辽阔的农业大国,自然与人文的地域性差异创造了种类多样、特色明显、内容丰富的农业文化遗产。体验经济时代,将文化遗产束之高阁已经不是最佳的保护方式,将乡村民间技艺和农业艺术作品以活态化的方式呈现才是最好的选择。

比如,荆州的"九佬十八匠"项目,通过前店后院的形式,打造了一个非遗文化传承地,游客可以在现场看到工匠用传统的古法制作漆器等十几种工艺品的过程,工匠既是在生产,同时也在表演。游客通过参观制作工艺的复杂流程,可以深入地了解一个精美手作需要的时间、精力和匠心,由此能深刻地理解什么叫工匠精神。

(2) 通过现场参与传承农耕文化

深度挖掘农耕文化,将农事活动与休闲旅游度假相结合,通过原乡、原俗的农耕体验传承农耕文明。如选择一些有趣的农业活动,做好活动组织及安全预案,让游客参与到丰富的农业生产活动中来,从而体验到"锄禾日当午,汗滴禾下土。谁知盘中餐,粒粒皆辛苦"的稼穑之苦,让游客在趣味的农业劳作中明白一饭一食来之不易,学会尊重劳动、敬畏土地、珍惜粮食。

(3) 利用新型科技体验中国农耕文化

随着互联网、人工智能等现代技术的不断发展,农业也逐渐步入信息化、科技化的发展阶段,这助推了农耕文化的华丽转身。

(4) 农业与艺术结合助推营销

一切艺术皆源于生活,农业和艺术具有天然的渊源。古代人民在生产实践的过程中不断总结、创造,才会形成农具、生产谣谚等。农业在注重旅游审美性的当下已经成了艺术造景的重要来源之一,大量涌现了充满艺术气息的农业景观。有的更是做到了极致,如日本的一个乡村——越后妻有,将现代装置艺术和农田景观进行融合,定期举办大地艺术节,激活了衰落的乡村,成为世界著名的艺术节。

（5）农业与文创深度融合助推"走出去"

农业要素与文化创意的相互融合，不仅可以主动、丰富地将具有地域特色的农耕文化呈现给消费者，还可以使农产品的情感及多重消费价值得以提升。

我国台湾地区是将休闲农业和特色农产品与文化创意融合的典范。当地政府首先聘请专业的文创设计机构，对区域范围内的农产品进行调查、收集、整理和遴选，以五感体验、立体性、多元化的说故事技巧和情感设计的原创能力，挖掘当地的独特趣事，然后进行全面的统一设计，实现从品牌策划到包装设计到生产流程的改善。同时，对居民进行技能培训，使他们成为合格的文创产品生产人员，最后向市场和游客推出系列化的文创产品，推动传统文化"走出去"。

（6）通过农耕文化主题乐园寓教于乐

在我国，凝聚了人们几千年的生产和生活智慧的农耕文化包含了丰富的农业科技和工具，这些农业科技和工具可以被转化及创新利用，形成旅游爆款产品。

有关项目组在策划河南的一个项目时，通过收集和整理当地文化资源，发现伏羲、尧、墨子、张衡、诸葛亮等历史名人都曾活动在项目地周边，而他们都发明了许多农耕文化器具，于是在项目里策划了一个小型的古代发明乐园，把农耕文化器械进行改造，变成主题公园的游乐产品。在策划江西的一个项目时，项目组又发现宋应星在当地写成了《天工开物》，于是项目组将天工开物里的农耕生产器械进行转化，创新性地打造了一个小型的以农耕文化为主题的天工乐园。

（7）多元参与的农业嘉年华盛会

农业嘉年华是一项休闲农业活动，是一种新探索、新实践，它的主题是农业生产活动，表现形式为狂欢活动，被应用于都市现代农业的实现形式、发展方式、运行模式的拓展中。农业嘉年华活动一般举办 1~2 个月，其中的内容包括特色农产品展销、农业科技展示、美食、特色居住屋等农业体验和娱乐活动。

以农事为主题的节庆活动，能够在短期内形成农业生产技术、特色农产品、农耕活动、民俗文化等要素的聚集，以多元化的娱乐方式形成人气吸引，这有助于地方农耕文化品牌的塑造和宣传。

（8）中国农耕文化智慧的现代应用

全息农业是高新技术与常规农业科学的有机结合，它不仅尊重各类生物自然生长的规律，还致力于强化人类和动植物自然进化的生命记忆信息，从而打造生物内循环生态链的农业开发模式。

全息农业将中国传统农耕文化与当代智慧科技无缝连接，兼顾农业生产、生态环境和生命健康，全息化是农业顺应消费升级趋势，满足人们对无公害、无污染、更多营养、更多能量等高品质生活要素需求的重要发展方向，有着巨大的推广价值。

第五节 乡村治理创新与乡村振兴

一、乡村治理面临的问题

（一）乡村空心化问题凸显

城镇化率逐年提高，乡村总人口数量下降成了必然的趋势，农村空心化现象逐渐显现了出来。受教育程度较高的青壮年劳动力大部分都留在了城市工作，这就导致了农村人口年龄分布不合理、参与乡村治理的主体断层的现象，村领导班子成员存在严重的老龄化、治理方式固化等问题，同时，村领导班子中新生力量的注入又显得尤为困难，使得新形势下村民的多元化需求难以得到满足。

基层治理生态秩序不断恶化的原因有二：其一，治理主体缺乏创新意识；其二，治理主体的管理方式落后。一部分基层治理人员只讲"维稳"不讲"维权"，还有一部分基层管理人员对行政手段（收费、处罚等）过度依赖，导致了社会矛盾的进一步激化。自治制度的发展受到了强烈的行政主导性的制约，在乡村治理的过程中，形式化和官僚化使得自治制度成了薄弱环节。

由此可见，乡村空心化是导致乡村治理效率低下的一个重要原因，治理主体缺乏治理能力是导致乡村治理效率低下的另一原因。无法从根源上解决社会矛盾，使得乡村治理机制难以满足社会经济发展的需要。

（二）乡村不良风气滋长

乡村生活随着城乡的融合发展不断地注入多元化的文化。在一些地区，不断增加的物质财富并没有提高人们的精神财富，反而容易造成乡村中不良社会风气的滋生，常见的有奢侈之风、赌博之风等。这些不良风气不仅与我国上千年来继承和发扬的勤劳致富、勤俭节约、尊老爱幼、遵纪守法等传统文化美德相悖，还造成乡村人际关系紧张、社会矛盾加剧。在乡村社会中，村民缺失道德观和价值观很容易导致治理乱象频发、违法犯罪现象层出不穷，严重影响社会经济的正常发展。因此，通过社会主义精神文明建设，重塑适合农民需求的农村社会价值体系，显得非常重要。

二、新形势下的乡村治理创新

（一）社群化治理

①基于互联网，构建村务公开与反馈机制。村广播、公告栏张贴等是村务公开的传统方式，村民在传统的村务公开中基本上处于被动接受的状态，"你说了，我知道了"，然后就没有下文了。在快速发展的网络时代，管理者可以通过自建网站、自建论坛等方式让村民及时了解村务，并且对村务进行客观的讨论、质疑，让村务管理反馈机制具有双向互动性，从而提高乡村行政的透明性。

②基于社群自律，建立村民自治机制。在网络时代，村民自组织参政议政的社群化结构很容易形成，政府应当做到：首先，开放技术限制；其次，引导村民理性思考；最后，形成社群化自律机制。

③基于"社群"理念，建立乡村治理结构。乡村原有的组织框架、人员分工等在"社群化"治理时代发生了根本性转变。

（二）社区化治理

目前以乡村村委会为主体的治理模式建立在传统的乡村发展结构之上，而随着村民生活质量的提升，以及创新创业、休养度假、乡居生活等外来人群的进入，村委会治理模式已经难以满足乡村"宜居"的生活需求，与新形势下对现代乡村治理的要求存在巨大差异。城市社区设有居委会，它并不掌管经济权，但能形成社区良好的治安、贴心的服务、舒适的生活等宜居价值。引入城镇的居委会治理模式以完善村委会的治理，将或成为乡村治理创新的重要方向。

乡村社区化治理模式构建的重点是建立村委会与居委会的双重治理结构。在原有治理结构中，村委会负责从村庄整体发展到村民纠纷解决的所有事务，而在实际治理中，村委会的行政职能更为突出，服务职能常被弱化。引入居委会治理结构，将"村务"与"民务"分开、"村庄宏观发展"与"村民宜居生活"分开，以居委会专司乡村社区建设，协助村委会开展社区公益事业，调解村民纠纷，维护社区治安等事务，从服务角度构建现代宜居社区。

乡村振兴战略背景下，乡村的经济发展结构发生巨大变化，外来人口不断增多，村民需求呈现出多元化的趋势。推行社区化治理模式，能够使乡村治理在"三治"融合的基础上，更加关注村民和外来居民的生活质量、权益保障、人居环境等民生保障问题；引导乡村社区居民参与社区事务，提升社区自治组织能力，增强社区活力；通过社区活动和服务，培育人们健康文明、积极向上的思想意识和生活方式；开展平安社区创建，推进乡村法治文明建设，构建乡村和谐发展环境。

（三）重构乡村产业体系

政策制度的支持在构建现代乡村治理体系的过程中是非常重要的，但是乡村治理的基础是人，发挥人的主体能动作用才是构建现代化乡村治理体系的重中之重。要在构建现代化乡村治理体系中发挥人的主体能动作用，首先要做到吸引人才回流，而吸引人才的回流需要通过创新产业的发展来实现。其一，提升本地农民的素质和专业能力，使其"留"在农村；其二，针对有实力的社会主体，鼓励其下乡创业，充分发挥该主体的带动作用，在日常治理中融入他们的新思想、新理念、新技术，从而对乡村社会的综合发展起到积极的推动作用。

构建培育人才、吸引人才的机制，不仅要合理利用政府的政策支持，还要充分发挥农业专家、社会精英人士等人才的价值，鼓励他们深入农村、发展农村。

（四）推进"三治融合+村务监督"

从古至今，我国乡村地区的主要治理模式一直是自治。在我国历史上，乡村社会中的乡村自治由三股重要力量构成：一是乡绅阶级；二是宗族势力；三是保甲制度。这三股力量，是传统社会统治阶级和民众沟通的桥梁，在乡村社会稳定的维护方面发挥着重大的作用。

我国乡村社会结构随着社会经济的持续发展发生了巨大的变化，使得传统的乡村自治体系不断瓦解。坚持"三治"结合（自治、法治、德治），确保乡村社会充满活力、和谐有序。自治是乡村必须坚持的一种治理方式，它是调动村民参与乡村事务的主要手段；法治是以法律为基础的一种自上而下的规范治理手段，它为自治提供规整与保障；德治是建立在乡村熟人社会上的以伦理道德为准则的"软"治理，在乡村治理中，从内心情感中产生约束的德治是不可或缺的。

干部少、事务多是我国乡村地区的普遍现象。近些年，村干部经手的事项随着国家对农村发展支持力度的增大也变得越来越多。正因如此，监督机制的有效配合是"三治"融合新体系发挥作用的必要条件。监督乡村的村务、财务管理等情况，收集村民的有关意见是村务监督的主要任务。村务监督不仅是平衡乡村地区利益矛盾、强化村民自治地位的重要手段，还可以有效地提升乡村治理水平。

（五）以政府购买服务引导市场主体参与

长期以来，政府包揽了社会发展所需的各类公共服务产品，在公共服务的提供过程中，政府投入了大量人力、物力、财力，并出现了部分职能越位和缺位现象。然而，政府并不能提供所有的公共服务产品，服务水平也无法与市场上的专业公司相提并论。因此，政府购买服务成为现代治理中的重要模式。

乡村治理是一个庞大复杂的工程，乡村治理包含三部分：一是政府、村民自治组织；二是个人的参与；三是引入市场要素。基层政府通过公开招标、邀标等形式提供部分公共服务。乡村环境治理体系完善的有效举措是政府购买服务模式，政府购买服务模式可以使基层政府整治乡村环境的能力有所提升。政府购买服务模式可以应用于乡村治理的各个层面，包括那些与保障民生、改善民生密切相关的领域，对乡村问题的协同解决起到了积极的推动作用，使乡村生活环境的整体质量稳步提升。

第六章 国外美丽乡村的建设与启示

自20世纪初期开始，发达国家已开始探索乡村振兴的模式。对于传统农业，发达国家实行了全面的改造，并在此基础上推动本国农业现代化不断深化发展，同时因地制宜，以自己的地方特色为依托去开发特色产业，在可持续发展理念的引导下，结合完善的法律体系与保障制度，已开辟出了各具特色的乡村发展道路，推动本国美丽乡村的建设，进一步推动了乡村旅游业的建设和发展。本章主要内容包括德国市民农庄的概况和启示、韩国新村运动的介绍和启示、日本"一村一品"的简介及经验、美国的"乡村发展计划"、加拿大的新乡村建设运动、国外乡村旅游建设的四种开发模式。

第一节 德国的市民农庄

一、德国市民农庄的基本内涵

在德国的都市农业中，市民农庄是其主要的形式，也就是城市居民租下政府或农民出租的都市或近郊的农地后，在这片农地上进行花草、蔬菜、果树的种植或者家庭农艺的经营活动，使市民得以体验到耕作的乐趣以及农业生产经营的过程，实现"农耕文化"的分享。使用市民农庄这一称谓的主要目的是突出它与私人园圃的区别，在使用、管理和准入等多个方面都表现出"公园"的公共特性。城市居民往往都想回归自然、获取休闲体验和安全食品，而市民农庄恰好使人们这方面的要求得到满足，因此备受欢迎和喜爱。从德国休闲农庄的主要做法来看，其基本内涵具体体现在以下方面。

①市民农庄是居住地以外的小型园圃用地，主要由政府供地或向农民租地，之后将这些农地出租给城市居民，以满足其亲自耕作、体验农业的需求。承租户依据政府的公告条件进行申请，并依申请先后顺序审核。对于那些想要中途退出

或转让的承租人，他们需要向管理委员会提出自己的请求，然后管理委员会选出愿意递补的承租者，而这一新的承租人则会负担起原承租人投入的合理费用。

②承租人不受身份、地位、年龄、种族等限制，要与政府签订一段时间的租赁契约，一般时间期限为 25～30 年，在此期间农庄区域内的相关管理事宜均由承租人组织管理委员会负责。每一个承租人一年的租金都是 150 马克，除此之外还要交 50 马克作为会费支付给法人管理委员会，管理委员会将承担起关于公共事务与环境维护的责任，与此同时，每一个承租人在一年中至少要用一小时的时间进行义务劳动，来整理园区环境。

③每个市民农庄都有大概 20 000 平方米的使用土地，分为 50 个单元，每一单元 100 坪（1 坪大约为 4 平方米），合计 5 000 坪，其他的用地则用于设置道路、停车场等公共设施。承租人可以在 100 坪的土地上建造一个工作室，其面积大概 4 坪，主要放置工具与休息，若工作室属于木结构则要向政府登记，砖结构则要向政府申请。在市民农庄里，只提供自来水，电和晚间住宿都是不提供的。

④大多数的市民农庄都被经营得很好，主要是因为承租人可以充分发挥自己的想象力来确定经营内容，同时也因为他们存在着比美的竞争心态。在农庄内，市民可以自己决定经营内容，包括种花、种草、种水果、种菜、养鱼或开展庭院式的经营等，但是由此得到的农产品只能赠予身边的亲人和朋友，不能出售。

另外，市民农庄只能租赁不能购买，并且每一单元的土地面积比较小，只有 100 坪，在市民农庄内，不仅可以亲身参与耕种活动，而且同时享受生产、运动、教育、体验与享受田园生活乐趣等多种功能，因此在德国申请承租市民农庄者络绎不绝，市民农庄基本呈供不应求的态势。

二、德国市民农庄的主要功能

从宏观上看，德国市民农庄的主要功能包括：①保证在都市建设范围不断扩大的状况下，农业在都市中得以保存和发展，而不至于萎缩；②使城市的绿地面积进一步增加，生态环境得以改善；③提供相应的园地以便市民更好的交流与沟通，促进居民邻里关系的改善，充分发挥社区活性化的作用。

从微观上看，市民农庄对市民个人具有多层面的功能，包括以下几点。

①在都市里，市民农庄就好像其中的绿洲，提供自然、美化的绿色环境，是一处绝佳的园地，不仅可以使市民得到独自休闲与亲近土地、绿地的机会，也可以使市民得到休养与满足，消除身心疲劳，体验农耕与享受丰收的喜悦。

市民农庄也是退休人员或老年人消磨时间的最佳地方,对高龄者的身心健康十分有益。

②广大市民在每天的上下班前后或假日,都喜欢去市民农庄参与农耕活动,体验其中的乐趣,如今这已逐渐成为人们日常活动中不可或缺的一部分,既增加了对农产品的认识与了解,获取关于动植物的多种知识,又锻炼了身体,使生活更加丰富和充实,同时也可以使孩子近距离接触农耕文化,从而更加深刻地体会农夫的辛苦,培养热爱劳动的习惯。

③在市民农庄里,因共同耕种而增加了与亲友交流的话题,是家庭间男女老少对话与进行健康活动的最佳场地。动员家庭全员行动,可以促进社区内部的互动交流。特别是对于夫妻来说,他们可以一起到农庄工作,不仅使相处时间和沟通机会大大增加、夫妻感情变得更好,而且可以更好地维系家庭关系、使之更加稳固

④人们在市民农庄里会有一种回归自然的感觉,觉得蔬菜、花、水果、竹笋、鸟、昆虫和自己一起进行同样的呼吸。人们既可以享用新鲜、卫生、安全、清洁、健康的自产农产品,也可以在市民农庄里认识许多志同道合的朋友,或因农产品的赠送而拓展其人际关系。这可以帮助社区居民,特别是低收入家庭节省食物开支,也可以促进城市居民良好邻里关系的形成,增加城市居民的社会安全感。

总而言之,德国市民农庄的存在使人们明白了一件事,即农业同时具备生产性、生态性和生活性三方面的功能,不仅可以生产粮、菜、花、果、鱼,而且使城市的生态环境得以改善,还能提供相应的空间便于人们进行观光、休闲、体验和娱乐。同时,事实证明,城市与农业存在着紧密的联系,二者相互依存、共同发展。德国市民农庄的成功发展,使得许多国外的游客慕名而来,越来越多的国家、地区纷纷进行仿效,引为己用。20世纪70年代以后,社区农庄在欧美发达国家被作为一项全民运动而得到普及,并在推动城市社区发展、改善社区环境等方面发挥着重要的作用。

三、德国市民农庄的经验与启示

市民农庄在德国的广受欢迎,从某种意义上证明了其存在的合理性。了解德国市民农庄的发展状况、建设模式与管理经验,对当代中国来说至少可以获得以下重要启示。

(一)发展市民农庄可以优化旅游产品结构

随着旅游业的深入发展及游客需求的不断变化,我国旅游产品开发存在着优化结构的客观要求,特别是在一些基础好、发展快、起步早的区域里,简单型观光旅游产品和形式相似的主题公园模式都已很难再满足游客的要求。所以说,要进行更加合理的规划与设计,以休闲农业内涵为主题,把生产、农艺、环保、休闲等多方面的功能结合起来,不但把丰富多样的文化创意融入农业之中,而且要营造出更好的生态环境,使生产者和消费者收获美妙与快乐的感受。总的来说,德国市民农庄主要强调环保和休闲高于物质生产,市民可以享受到拓展出来的绿野阳光的空间,形成生产、生活及生态三生一体的经营方式,以符合均衡人们身心发展之需要。因此,发展市民农庄可以优化中国的旅游产品结构,使旅游产品的开发形式更趋丰富与新颖。

(二)发展市民农庄可以推动城乡统筹

目前,中国的城市化进程加快,同时也面临着一系列与当时德国一样的社会问题,包括城市人口老龄化、城市人口激增所带来的失地农民就业、城市低收入阶层生活条件差等。面对城市弱势群体和"三农"问题,市民农庄不失为一种很好的解决问题的途径。一方面,可以使市民的住房条件得以改善和提高,从而提供充足的认知和生活空间给城市里的儿童和老人等大众群体;另一方面,在城乡统筹发展观念中,强调农庄和城市绿化建设的生产主体逐渐从农民转变为市民,而失地农民则转向为市民提供服务,这是实现"以工哺农、以城带乡"战略的有效举措,可以使社会矛盾得到有效缓解,推动城乡统筹进一步发展。

(三)发展市民农庄可以促进食品安全

现今,中国的城市化进程不断加快,经济社会的发展更加强调全面与协调,人们则愈加重视较高的生活品质和社区的生态环境。然而,民以食为天,考量中国当下食品安全的现状,诸如初级农产品源头污染较严重、许多食品市场抽样合格率偏低、食品安全管理制度不完善、食品流通环节经营秩序不规范、假冒伪劣食品屡禁不止等事件,对中国城市蔬菜供应、价格波动等产生了重要影响。发展市民农庄,可以促进食品安全。由此,要对德国市民农庄发展模式加以研究和借鉴,使中国城市园林管理部门和农业推广部门的职能得以充分发挥,成立相应的委员会对市民农庄进行管理,协助市民使土地的获取途径进一步得到拓宽,推动城市有机果蔬种植的不断发展,再根据人群需求与实际情况建设多样的农庄形式,如街道农庄、小区农庄、学校农庄、公园农庄等,由此使城市绿地的多种功能得以充分发挥,营造富有人文关怀精神的城市农业与和谐社区。

第二节 韩国的新村运动

一、新村运动的主要背景

(一)新村建设发动的多种因素

1. 城乡差距巨大

韩国政府在其第一、第二个五年计划中扶持的重点是工业发展和扩大出口,这就导致工农业发展不平衡,农业发展速度异常缓慢。第一个五年计划时工、农业发展速度分别为7.8%、5.3%,而第二个五年计划则分别为10.5%、2.5%,差距迅速从2.5%拉大至8%。同时,城乡居民收入差距也颇大,1970年农村人口中经营不足10 000平方米耕地的农户占67%,年平均收入却不到城市居民的50%,这就使得大量的农村人口开始无序流动,进而导致了许多城市和社会问题的出现。在农村,劳动力老龄化、弱质化的情况愈发严重,而在农业方面机械化发展更是滞缓,这就导致了部分地区的农业濒临崩溃,城乡和工农之间的差距越来越大。

2. 农村经济落后

农业萧条、生产落后的直接后果是农村经济落后、农民生活困难,"住草屋、点油灯、吃两顿饭"是当时韩国农民生活的真实写照。1962年,韩国人均国民生产总值仅为82美元,农业增加值占国民生产总值的43%,农业劳动力占就业总人口的63%,全国250万农户中80%住茅草房,只有20%的农户通电,5万个自然村只有60%通汽车。农业基础薄弱、农村教育滞后、农民缺乏自信、生活缺乏保障。

3. 农村文化颓废

一方面,农民生活困难所带来的民风浑浊、民心衰竭、环境污染以及农村黄赌毒等社会丑陋现象层出不穷,乡村风气恶劣到极点,农村基层政权管理混乱,农民也失去了原有的善良勤勉、互助合作的社会美德;另一方面,国民的伦理道德水平也严重滞后，城乡失衡、官员腐败、学潮频繁、社会动荡等现象一次次冲击着原有的农村传统文化，农民健康、淳朴、自助、自立的精神也遭到腐蚀和异化。

因而，在此背景下，韩国政府于20世纪70年代开始发起并推进了轰轰烈烈的新村运动，通过调整发展战略思路，把实现工农业的均衡发展放在首位，在"勤勉、自助、合作"的新村精神的培育指导下，以政府主导为核心纽带，以多方协同为依托，带动农民自发进行乡村建设。

（二）新村运动发起者——朴正熙总统

朴正熙于1961年发动"5·16"军事政变，推翻民选政府并且借此上台，建立了军事政权，由此拉开了韩国现代化建设的序幕。

朴正熙总统是一个作风强硬且能凝聚民族精神的个人魅力型领袖，在他的领导下，韩国迅速转变了整个社会经济发展的方向，确立了"政府指导型"的社会经济发展方略。他认为，像韩国这样民主落后的国家，发展经济和改善民生才是首要的工作。在推动社会经济发展和实现政治民主化的关系上，朴正熙政府倾向于主张政府是一个实现社会经济增长的决策机构和执行机构，在他看来，政府的首要目标是通过经济的进步来实现政治的稳定和民族的复兴。朴正熙总统曾经表示："在一个不发达的国家中从法制安全到政治、经济这些最根本的保障中，最紧迫的是经济保障，现代化的关键是工业立国。"工业的优先发展也成为日后新村运动能够取得成功的关键因素之一。

朴正熙总统自诩为"贫农之子"，拥有坚强的意志和信念，以国家复兴作为己任，每当谈及农民问题时，大多数情况下朴正熙总统都用农民的语言即兴演讲，并且他总是心怀诚意去理解和解决农业问题，从而使得农民对他非常信赖，他对农业问题的认识是合理的，解决方法也是有针对性的。他旨在希望通过农村现代化的实现，加固其执政的合法性基础。在工业发展的基础上，为了改善农村现状、促进农业发展，把国民从水深火热中尽快解救出来，更为了韩国政府的经济复兴，朴正熙总统在1970年4月的相关的会议上正式提出了新村运动的设想，朴正熙政府正式发动了一场自1970年开始的长达数十年的"新村运动"。正是由于朴正熙总统坚决的态度和意志，这场自上而下的韩国"新村运动"设想才付诸实践，并最终取得成功。

二、新村运动中的政府力量

(一)公共服务的提供

1. 农村电气化的建立

为了实现农村电气化,政府与电力部门展开合作并引导其建立。为了支持农民,政府把一个长期贷款项目提供给他们。在政府的支持引导下,农村供电设施在短时间内即迅速建成。20世纪60年代末,在韩国的农村,拥有电灯的农户还只占20%,而到了1978年,安装电灯的农户占到了全国农户的98%,20世纪90年代全国实现了电气化,农民生活得到较大改善,大多农民都拥有了电扇、收音机等家用电器,之后还普及了电视、电冰箱等,极大地提高和增强了村民们的生活品质。

2. 农村通信服务的普及

在农村,通信基础设施服务是十分缺乏的,这一状况引起了政府部门的高度关注,朴正熙总统在听取意见的基础上,做出了一个重要决定——与邮政局共同合作建立"村级电话系统"。20世纪80年代之后,电话初装业务的成本开始迅速降低,农村私人电话的安装数量也随之急剧增加,农村通信服务得到了广泛普及,加强了村庄与外界的信息沟通和交流。

3. 基础医疗服务的实现

在医疗服务方面,朴正熙总统要求卫生部提供帮助与协作,并提出两项措施,分别是:①对于那种特别贫困的农民,要把相应的医疗服务免费提供给他们;②每一个乡镇都建立一个农村诊所,把基本的医疗服务提供给农民,同时计划在诊所内配备一个初级医生和一个护士,其中卫校毕业生招募为初级医生,如果可以在农村诊所服务三年,那么可以允许他不用参加强制性兵役。自此,农村的医疗服务也得到了初步的改善。

4. 农业粮食产量的提高

20世纪70年代初期,政府采取了两方面的措施来引导农村发展,进一步使粮食产量不高的状况得以改善。一方面政府施行高价收购粮食制度,即高价收购农民粮食,低价在市场上销售,提高农民种粮的积极性;另一方面政府大力推广新的水稻品种——"统一稻",与其他水稻相比,这一水稻的产量较高,它是由日本水稻和印度水稻杂交而成的。在政府的不断努力和积极引导下,韩国的水稻产量逐年上升。农民在水稻生产中学到了共同合作的"集团栽培"方式，这一方式使水稻高产品种得以迅速推广，全国农民的水稻栽培水平和产量也随之提高了。

（二）财政支援与政策支撑

1. 财政支援

朴正熙政府对财政的支援主要涵盖两方面。①物质支持，比如，在运动初期的新村环境改造工程中，政府给全国3万多个村庄提供水泥，每村为335袋，总价值40多亿韩元。②直接的资金支援。从投资总额这方面来讲，政府对农村的投入金额是逐年增加的，从1972年的35亿韩元增加到了1973年的150亿韩元，再到1974年的300亿韩元。尤其是1975年后，投资总额的增长幅度变大，而到了20世纪90年代后期，投资总额甚至达到了42万亿韩元。进入21世纪，韩国政府为了推动农村和农业的发展，计划投入119万亿韩元。

2. 政策支撑

韩国政府为了更好地支持和引导新村运动的发展，更是统筹和制定了一系列政策，以支撑新村运动的顺利开展。这些政策包括三方面。①改革政府机构、建立领导体制。为了提高新村建设的效率，特地成立新村运动中央协议会，而关于支援农村开发的政策举措、基本方针和财政预算的制定，则是由相关议员专门负责的。②建立新村教育制度。这旨在通过教育使国民认识新村运动的意义，并树立新村精神，更为韩国新村运动的开展提供了源源不断的人力、智力支持。③建立农业发展相关政策。例如，为了增加农民的收入，一方面政府为促进农业收入的增加，在农产品进出口方面，采取限制进口、促进出口的策略，通过降低门槛的方式使农民和农民组织进入食品加工业变得更加容易，而在农业生产方面，则采取降低生产资料价格、提高生产率的举措；另一方面，在农业的工业化、发展农村旅游业等方面，政府采取了积极的促进政策，同时开辟各种就业渠道，由此使得农民的非农业收入大大增加。

（三）激励机制的运作

1. 物质激励

为激发村民努力把自己的村庄建成最好示范村的意识，在财和物的支援上，并不是采取平均分配的政策，而是奖励先进、鼓励竞争，即总统始终坚持一个原则：村社只有能够做到自助自立，政府才会对其提供帮助，而水泥和钢筋只分发给那些村民积极参与的村庄，这在很大程度上激励了村民建设村庄的积极性。例如，在运动初期，为了体现村社竞争的精神，根据村民的参与程度（从高到低），政府会把全国乡村分成三个级别——"自立村、自助村、基础村"，而这样做的目的主要是使那些低级别的村庄通过努力不断改善自身，那些高等级的村社则会因此而再接再厉。这一分类方式之后得以延续，政府每年会根据最初确定的标准，对各个村庄的表现进行评估，并将评定结果划分为三个等级，分别是"初级阶段型、自助型、自给自足型"，同时政府又以此为基础确定了相应的政策原则，即"先动先扶、不动不扶、优者多扶"，而村民和村庄的表现越优秀，获得的奖励和扶持也就越多。据资料显示，在1979年末，"自立村"比例已高达97%。总之，通过这一物质激励，不仅使村民参与新村建设的积极性被充分调动起来，而且进一步激发了村庄间的竞争热情，同时更使用于乡村改造的公共资金得到了有效节约。

2. 非物质激励

除物质激励外，非物质激励在新村运动中也起到了重要的作用，极大地增强了广大农民的内在凝聚力。对于那些表现特别突出的村庄，政府将立碑公示表扬，并把新村运动的积极参与者的姓名刻到碑上去，以此向全国宣扬村庄建设的杰出成果，调动当地农民的积极性，激发他们的荣誉感，引导他们主动参与美丽乡村的建设。另外，虽然村庄带头人没有相应的酬劳，但若其所在村庄成绩十分优秀，那么他将会获得当月"最佳村庄带头人"的称号，从而获得面见朴正熙总统的机会，这在韩国传统文化中，意味着一种最崇高的荣誉，正是这样的非物质激励，在很大程度上保障了新村运动的顺利进行。

三、新村运动中的"新村精神"

韩国新村运动的首要目的之一就是要改变广大民众的世界观，培养农民"勤勉节俭、自立自助、团结协作"的精神意识，灌输诚实正直的价值观，确立牢固的国家认同观念和一致的共同理念。"新村精神"的实质体现为韩国人"勤勉、自助、协同、奉献和实践"的精神。

（一）"新村精神"培育成功的要诀

①突出国民精神的教育培养。韩国政府十分重视国民精神的教育，坚信农民一旦焕发精神，农村建设将取得事半功倍的效果。在新村运动中，政府一直强调新村运动的主体是农民，要加大力度宣传新村建设理念，使全国团结一致的思想得以确立，并以"我们能做，且我们能够成功"为指导来激励农民。

②注重现代意义上的农民的培养。虽然新村运动对于培养现代意义上的农民表现出了高度的重视，但是政府却从来没有对农民可以主动接受这种转变报

以期望，而是努力去发挥示范效应和政策导向的作用，进一步营造出一种教育的氛围，使农民在接受先进文化知识的过程中不断前行，从而提高各种知识能力；同时，也刻意制造各种紧张气氛，使农民的责任和竞争意识以及合作精神得到充分培养，变得更加积极、进取，从而改变农民的思想观念，最终达成自我改造的目标。

③注重"协助"而不"包办"。韩国政府在新村建设方面从未包办，只是支持。新村运动中政府更多地体现为"协助、支持"的角色，倡导农民的"自助"理念和"合作"精神。着眼于发挥农民的主体作用，让农民自己去做、去管，同时，对不努力、不合作的村庄实施不给予补助的政策，从根本上唤醒大家的自助自立精神，积极主动改造家乡。

（二）"新村精神"的经验与启示

1. 注重农民精神的培养

长久以来，农民逐渐形成了封闭保守的观念，对此要努力转变这一观念，宣扬先进的文化知识，使积极进取的精神得以塑造、消极的性格得以改善，从意识形态上使农民的精神动力得以激发，实现脱贫致富、建设家园的目标，建立改变农村落后面貌的信心。

2. 要以农民为主体

我国农民是美丽乡村建设的行为主体和力量之源，美丽乡村建设一定要以农民为主体，尊重农民意愿和主体地位，坚持以人为本。中国地域辽阔，单靠政府力量解决农村问题不切实际，必须依靠广大民众的力量参与建设，形成一种政府引导、群众参与、社会支持的共建格局。

3. 要注重因势利导

在农业、农村、农民方面，政府不能违背其发展的特点和规律，要坚持把政府的有效指导与农民的自主建设相结合，因势利导，立足乡村特色，进行科学统筹规划，充分发挥政府引导、农民自愿、示范带动的积极作用，推动美丽乡村的建设。

第三节 日本的"一村一品"

一、"一村一品"运动概述

(一)"一村一品"运动的特色

大分县是日本最早开展"一村一品"活动的地方,像香菇、柑橘等都是全国有名的特产。这里的柑橘富含柠檬酸和维生素C,散发出清爽的香味,是大分县值得骄傲的农产品。其98%的产量都来自大分县,一般认为只有大分县才适合种植,以前在大分县的竹田和臼杵的民宅庭前作为药用果树栽植。

传说是江户时代的一个医生将树苗从京都带回了臼杵市而开始的。如今,在臼杵市内能看到树龄300年的古木存在,树龄200年前后的古木也有很多棵。这种柑橘外皮绿油油的,果肉很酸,可以用于生产食醋。在料理上,还用来与烤鱼、鸡肉和牛肉等肉类食物相配,以衬托后者的味道,它总是能和各种食材达到很好的协调。当然,它也可以直接食用,酸酸的,绝对让人的味蕾难以忘记。这么说来,它同时具有柠檬和柑橘的特点,难怪有人把它称为"柠檬和柑橘的结合体"。

简单而言,就是一个村子一个特产品牌。经过30年的发展,这一活动不仅在全日本,甚至在世界特别是亚洲都有较大影响。其实质就是根据各地的条件发展特色块状经济,千方百计培养人才,培育地方名牌,从而振兴地方经济,增加农民收入。

(二)"一村一品"运动的国际影响

发展至今,"一村一品"运动的内涵和外延不断地拓展和发展,早已不再局限于传统的定义。"一村"可以扩展到"一镇""一县",甚至"一国";而"一品"也不仅仅是农产品,还可以是工业产品或文化、旅游等服务业产品。"一村一品"不仅起到振兴农村的作用,而且与地区、产业乃至国家的竞争力直接相关,今天它已在日本全国得到有效的推广。

韩国、马拉维、突尼斯、哥伦比亚、秘鲁、巴拉圭等许多国家都将"一村一品"作为脱贫致富的有效手段进行推广。

2006年,中国河南省也开始推广日本的"一村一品"发展模式,到目前为止,全省已经建立了104个"一村一品"引智示范基地。此后,该省计划再发展多个类似的基地或试点,努力使基地总数超过150个。

"一村一品"运动发起人——平松守彦曾获得"新中国60年最有影响的海外专家"和"十大国际友人"的荣誉称号。

二、"一村一品"的精髓

(一)运动的内涵:开发特色与优势产品

"一村一品"运动的基本内涵是指要发挥出各地在资源、技术和生产上的比较优势,因地制宜、结合当地实际开发特色与有优势的产品,而不仅仅指一个村庄生产一种产品。平松守彦先生在上任后主要就抓两件事,一个是开展"一村一品"运动,另一个就是进一步开发尖端技术。平松守彦坚信,只要积极发挥人的聪明才智,结合当地的实际情况,发挥优势,一定能够改变农村贫穷落后的局面。

(二)运动成功的关键:优秀的干部领导

"一村一品"运动的成功,得益于其优秀干部的作用。优秀的干部不仅需要有高度的责任心,还要有相应的能力来履行职责。平松守彦先生就是这样一个既有高度责任心,也很有能力的人。他曾数十次下乡访问,了解村镇的历史、地理环境、资源状况,倾听农民的意见,探讨当地的发展潜力。在这样的反复研究中,平松守彦先生才产生了"一村一品"的构想。

(三)运动成功的要素:确立农业人才的激励机制

要开发一个落后地区,人才的培养是一个非常关键的因素。大山町在农业人才的激励机制方面做得就非常出色。大山町在1957年就立下规定:凡是进农业高中或大学的学生,每个月都由农业协会给予一定的经费补助。大山町还经常派青年去海外考察,提供贷款给青年去海外学习。因此,在人才的培养方面取得了明显的成就。比如,一位名叫矢蟠欣治的大学生引进了"豆芽蘑菇"项目,仅此一项就带给大山町多达十几亿日元的年收入。

(四)运动的实质:激发竞争、创新与自立精神

平松守彦认为,"一村一品"运动的目的在于激发各地之间的相互竞争,各地都能够发挥出自己的比较优势,开发出当地有特色的产品。这样,各地之间的竞争又能推动人们的创新精神,由此形成一个良性循环。"一村一品"运动还鼓励人们自力更生。"一村一品"就是要当地人民发挥自己的想象力和创造力,开发出当地的优势产业或产品。如果有依赖思想,"一村一品"运动就很难取得成功。

（五）运动顺利展开的前提：政府的服务和支持

政府的支持和帮助主要体现在四个方面：①培养技术骨干和精英管理者；②对农业和工业的产业化进行技术指导；③提供必要的低息贷款；④改善农村的基础设施建设。

三、日本"一村一品"的经验与启示

（一）因地制宜，发展特色农产品

中国地域广阔，各个地方的气候、风俗和特色各不相同，所以应该先对一个地方的地理环境和农业特色有所了解，在此基础上，发展优势农产品，建立具有地方特色的产业基地，使农产品的品牌价值得以提升。同时，政府应大力支持和积极引导，使农业基础设施建设进一步加强，加大农业产前、产中、产后支持服务力度，使农产品市场化和农业现代化的水平同时得到提高。

（二）提高农业产业化水平，增加农产品附加值

政府应该积极地鼓励和支持农民对农产品进行加工，然后把加工后的农产品送向市场（批发点、超市等），由此形成一条从生产到销售的完整产业链，不仅使加工价值得以提高，而且使得农产品的附加值增加，农民的收入也进一步提高了。

（三）成立农村合作组织，减少风险

农村合作组织可以把分散的农户和统一的市场联系起来，从而使小生产与大市场的矛盾得到有效的解决。农村合作组织为了使农业生产和农民收入得到相应的保障，在农业方面采取了降低生产成本、提高生产效率、平衡收益的手段和方法。农村合作组织不仅帮助农民统一订购相关农资，而且在农产品销售时也会进行统一收购，还会派遣专业人士对农业生产进行指导，这样有效减少了生产投入和价格波动带来的风险，使生产效率大幅度提高。

（四）重视农民教育，培育新型农民

在中国美丽乡村建设中，应该让农民处于主体地位，避免政府总揽一切，充分调动人民群众的积极性，使他们的首创精神得以发挥，从而更好地参与新农村建设。一是进一步加强义务教育和高中教育，使农民的知识水平得到提高和发展。二是加强职业教育，培养拥有相应的特长和技能的人才，不仅使工业发展的需要得到满足，而且使农民农业生产的技能得到提高和发展。三是大力

发展"田间学校"等培训服务组织,根据农民具体需要设置课程,提高农民教育培训的针对性和实效性。

第四节 美国的"乡村发展计划"

一、美国的"乡村发展计划"

(一)美国乡村的定义

同所有其他国家一样,美国的经济发展也是从农业起步的。在美国,我们通常所说的乡村并非传统意义上的农村和乡下,美国是按照人口的密度来划分城镇和乡村的。根据美国联邦政府管理和预算办公室的定义:拥有5万人的城镇中心县和其周边地区县被称作城镇地区,其余地区均为非城镇地区。这些非城镇地区也就是美国人通常所说的乡村地区,而美国政府的各项乡村发展计划都是根据该定义来界定乡村地区和城镇地区的。

(二)"乡村发展计划"提出的背景

不同地域的乡村地区,其地理条件、人口密度、经济发展和社会财富方面的差异较大。虽然,今天的美国乡村已经基本实现了农业生产和人民生活的现代化,并且在不断发展和进步,但是与美国的城镇地区相比,仍然存在着贫困率高、收入低、就业率低、受教育水平低、医疗条件差、人口不断减少等问题。

1. 人口的变化

从美国整个乡村地区看,近十几年来人口一直呈现上升趋势,美国农村人口约为5000万人,占总人口的17%左右。与此同时,美国总人口增速虽然明显快于农村人口,但根据美国人口普查局数据显示,2000—2010年美国总人口增长9.7%,明显低于1990—2000年间13.2%的增速。这也是20世纪30年代以来美国人口增速最低的10年。通过分析美国乡村人口的变化状况可以看出其存在的问题:①10年间美国农村人口仅增长220万人,增幅约4%,远低于同期城镇人口11%的增幅;②美国乡村人口的增长中,国际移民对人口增长的贡献率达到1/3,特别是美国中西部地区,人口的增长主要是靠国外移民向这些地区的迁移,国际移民已经成为美国乡村地区人口增长的动力;③在人口的增长中主要是以西班牙裔的白色人种和亚裔为主,而非西班牙裔的白色人种和黑色人种的人口都呈现了急剧下降的趋势;④那些仍然以农业为主业的乡村地区普遍存在着人口下降的现象，特别是年轻的劳动力纷纷外移，使这些地区人口老龄化明显，地区的经济和社会发展正在逐渐丧失活力。

2. 就业率的变化

根据美国官方的最新统计数据看，美国的乡村地区和城镇地区的就业水平相差无几。自从 1999 年至今，乡村地区就业人口的增长率为 1%，城镇地区为 1.2%。2004—2005 年，美国乡村地区的就业人口增长了 1.4%，总数达 32.9 万人，而同期城镇地区的就业人口增加了 212 万，增长了 1.8%。2005 年，无论是乡村还是城镇地区的失业率都下降到 2001 年以来的最低点，乡村地区的失业率为 5.4%，城镇地区的失业率为 5.0%。就业率增长最快的是西部地区。2005 年，城镇和乡村地区的失业率都出现了下降，分别为 5% 和 5.4%。城镇和乡村地区工作年龄（25—54 岁）人口的就业率相差无几，分别是 79.4% 和 78.7%。但值得注意的是，不同乡村地区就业状况相差较大。2004—2005 年，34% 的乡村区县就业率出现滑坡，46% 的县就业率低于 2000 年的就业率。另外，官方对就业率的统计当中往往把那些有工作做而不去工作的工人和从事临时工作的人都算作就业。如果把这些人算作失业，则乡村地区的失业率将达到 9.6%，而城镇地区将达到 8.8%。在美国的乡村地区，黑种人的失业率较高，达到 12.1%，西班牙裔的失业率为 6.1%，16～19 岁人群中的失业率达到 16.9%，这一点与城镇地区的状况相似。

3. 收入差距的变化

2004 年乡村地区人均收入为 25 104 美元，城镇地区为 34 668 美元。乡村比城镇低 27%。这种比例经常上下浮动。1990 年为 28.5%，2000 年为 30.1%。乡村地区平均每个工作岗位的收入水平是衡量其经济发展的重要指标。2004 年，乡村地区非农业工作岗位的平均收入是 31 582 美元，同期城镇地区的收入是 47 162 美元。这一差距还有不断发展和扩大的趋势。1979 年乡村地区的平均收入是城镇地区的 81%，到 2004 年下降到了 67%。在这些差距中，值得关注的往往是技术含量高、受教育程度要求高的岗位，城乡之间的差距更加明显。例如，在金融和保险行业，乡村地区的收入只是城镇的 43%，信息服务业是 45%，专业技术领域是 50%。比较具有可比性的行业是运输和仓储 80%、零售 75%、饭店和餐饮 73%。但也有人认为，这些差异并没有考虑生活成本的差异，乡村地区的生活成本与城镇相比具有优越性。如果考虑这些生活成本上的差别，乡村与城镇地区的收入差异将变得不足为怪。

4. 城乡间的差异

近几年来,能源价格的上涨对美国乡村地区产生了不小的影响,因为乡村地区的居民与城镇居民相比更需要私人交通工具,平均行驶距离更长。据统计,乡村居民的汽油消耗比城镇居民多40%,行驶距离比城镇居民长33%。另外,乡村居民的交通工具的燃油效率也普遍低于城镇居民的交通工具,乡村地区为19.5%,而城镇为20.5%。能源价格的上涨对美国粮食市场的价格影响较大,因为美国国内的运输主要靠汽车。

(三) 美国乡村发展计划的目标

发展乡村经济、缩小城乡差别是美国各级政府关注的重点和奋斗的目标。美国乡村发展计划提出的目标有两个:①以社会为基础资助乡村社区的建设和改善低收入乡村地区居民的生活;②以市场为基础支持乡村地区的经济发展。美国农业农村部制定的乡村发展计划涵盖内容相当广泛,几乎包括乡村社区建设的各个行业,如房屋建设、社区供水和废水处理、金融服务、发电供电、可再生能源发展、自然资源保护、农业新产品的研发,以及通信和因特网的普及等。该计划主要是通过提供拨款、贷款、贷款保证、技术支持和开展研发等手段来支持乡村地区的社区建设和经济发展。

二、美国乡村建设的成效

2005年乡村发展计划中的商业发展项目计划,通过促进乡村社区商业的发展创造了7.3万个新的工作岗位,扶植和支持了1.2万个商业项目;电力发展计划批准了111个乡村地区电力传输、发电的贷款项目,这些项目使19.5万个新用户获得了电力,改进了240万个消费者的用电条件;供水和废水处理项目计划,通过资助乡村地区的供水和废水处理项目造福了100万个用户。

三、美国乡村发展计划的精髓

(一) 立法为乡村提供发展机会

美国通过设立和实施相关的法律法规来保障城乡居民能够得到平等的机会去接受教育特别是高等教育。还有,关于消费税(州政府的主要收入来源),各州开始向城郊和农村地区倾斜,这样有效地推动了消费机会向这些地区扩散,促使其不断发展。通过适时立法监管,美国为缩小城乡差距打下了良好的基础。现在,对于信息、医疗、保险、养老等服务标准,乡村和城市是一样的。

（二）政府重点帮扶小企业

美国地方政府通过实施相关政策重点扶持和帮助小企业，而对大企业则采取基本不管的态度。当然，对于美国的远郊和乡村地区来说，它们也在努力发挥自身的资源优势，形成一定的吸引力，使得更多的城市企业来本地进行投资和经营。比如，美国农场主拥有大量土地，他们把土地作为资本去参与现代化和城市化进程，在早期，很多的庄园主就是因此而成为资本家或实业家。

四、美国乡村发展计划的经验与启示

（一）视农村城市化为系统工程

在工业化、城市化过程中，美国的农工关系协调、农业发展顺利，这些都为城市化奠定了基础。先轻工业、后重工业的产业发展顺序在吸收农村劳动力方面发挥着重要作用。科学技术和交通运输的发展以及外来移民、外来技术都对城市化产生了积极的推动作用。

我国是一个后发城市化国家，农村城市化显得较为滞后，这受到多方面因素的影响，包括农村和城市方面的原因、生产力和生产关系方面的原因、宏观和微观的原因、产业发展和制度建设的原因。这就要求我国必须从各方面出发，形成一整套配套的改革措施，使农村城市化得以更快更好发展。

（二）在选择道路时重视市场的作用

美国是典型的市场经济国家，市场的力量会在很大程度上影响城镇发展道路。而我国城镇受计划经济及城乡长期分割管理的影响，数量多、规模小，其中很多城镇都是辐射能力较弱的城镇，对区域经济带动作用小。目前，从我国的具体情况来看，应该走集中城市化道路，积极发展中心城市，有重点地发展一些中心镇。

（三）促进农业经营的现代化

美国在工业化、城市化过程中，农业劳动力转移速度较快，这使得农业规模经营迅速发展起来，进而推动了农业劳动生产率不断提高，为美国城镇化奠定了基础。

从我国国情来看，我国在农业生产方面普遍是超小规模经营的模式，并且这一问题也没能随着乡镇企业的快速发展而被解决。在新的农村城镇化过程中，要推动乡镇企业向城镇集中，实现农业人口的动态转移，从而使得农业规模进一步扩大，推动农业产业化的发展。

第五节 加拿大的新乡村建设运动

一、加拿大乡村对立现象并存局面的产生

加拿大的农业经济和乡村社会在经历前工业化时期、工业化初期、大规模工业化时期、农业相对衰弱时期四个阶段的进程中，出现了两种对立的趋势：一方面，市场经济大规模导入传统乡村，使得传统农业和乡村社区逐渐衰落，乡村人口向外流动，乡村公共服务越来越集中；另一方面，现代家庭农业不断发展，政府越来越重视农业和乡村的发展，并且在人口流动方面逐渐出现返郊化的现象，这些都导致了乡村社区又出现了复兴的倾向。因此，要破解这一对立现象并存的局面，也就是要在实现农业现代化和缩小城乡差距的同时，又能减少对乡村社会的过度侵蚀。

二、加拿大乡村建设中对立现象并存的表现

（一）农业工厂化与家庭农业的存续

在市场化条件下，市场效率才是农业发展的导向，而在一般情况下，农业技术的改善和农业工厂化与市场化水平的提高往往会导致传统家庭农业逐渐走向衰落。虽然加拿大的农业现代化也表现出了上述特征，但加拿大的家庭农场却被保存了下来，这主要是因为它不仅代表着一种独特的价值观和生活方式，而且也能更好地展示出乡村农业发展的多样性，这对乡村社区的存续具有重要意义。

（二）城市化、逆城市化与乡村社区的存续

城市化进程对加拿大乡村社会有着显著的影响，表现为乡村人口大规模迁往城市以及乡村人口本身发生了结构性的变化。①乡村地区老龄人口比例较大且老龄化速度加快，年轻人的比重只占 27.7%，比城市地区要低 8 个百分点。②如今乡村地区不再等同于农业区域，多数乡村人口已开始从事非农产业。但在 20 世纪 70 年代，很多乡村地区又出现了人口增长的趋势，人口返郊化是其直接原因。人们考虑到乡村住房便宜且环境宜人，还可以在闲暇时从事园艺种植等爱好，于是从城市搬到乡村。可以看出，在后工业经济时代，加拿大乡村地区已成为大量乡村或城市的工人与退休人员的生活场所，而不仅仅是原材料的生产地。因此，人口返郊化以及居住于乡村的人口和家庭共同提出了乡村社区存续和发展的要求，这也是加拿大乡村社区复兴的内在需要和动力。

三、加拿大新乡村建设运动

（一）新乡村建设运动介绍

面对乡村社区的衰落，加拿大乡村复兴基金会于1997年发起了新乡村建设运动，试图通过由政策决策者、研究人员及乡村居民三方力量的共同努力来寻求一种方式，使得乡村社会资本的搭配更加合理，缩小城乡居民在经济收入、社会福利及公共基础设施等方面的差异，从而振兴乡村，实现城乡社区在功能上的衔接。新乡村建设运动结合乡村社区的外部环境与内部资源，视乡村为代表自然与人文遗产、需要保存与保护的地区，认为它具有十分重要的价值，并且将乡村社区能力建设作为改变乡村衰落的理想路径。

（二）乡村社区能力的建设

新乡村建设运动选择乡村社区能力建设的路径来振兴乡村，使得城乡社区功能上的衔接得以实现，从而使居民对社区的认同感及社会凝聚力进一步增强。

1. 推动公共服务供给

在乡村和小城镇，公共服务发挥着至关重要的作用。一方面，它和乡村社会居民的生活品质有着密切的联系；另一方面，公共服务在吸引经济活动、挽留居民及维持社区方面发挥着重要作用，并影响着地方经济转型的可能途径。然而，许多乡村社区的公共服务供给都面临困难，而且乡村社区相比城市老龄人口比例更高，所以以城市为基础、以市场为导向的效率模式不适合乡村人口的现状。因此，公共服务应该改变原有的供给模式，提倡以社会及道德为基础的供给模式。

2. 促进社区治理模式的转型

乡村社区治理实现合理转型，有利于提高社区能力、改善公共服务水平。过去，乡村社区的社会凝聚力在很大程度上受地方组织结构影响，但是在这个结构中的各个社会团体往往是各自为政，缺乏向心力。治理的转型主要有两方面的作用，一方面会通过政治参与使得社区能力得到进一步的提升，另一方面也能提高和发展基层决策水平。乡村社区能否持续存在，依赖于社区能否保持社会建构能力，使乡村社区成为能够提供聚居共同体生活的另一选择。

3. 颁布《加拿大农村协作伙伴计划》

1998年，该计划正式开始实施，确定了一些具体举措以推动农村发展，推动基础设施建设，同时使农民获得更多的金融资源和政府项目，也使农村青年得到更多的就业和教育机会。这一计划的主要措施有建立跨部门农业工作组；建立"农村对话"机制；直接资助不同主题的农村发展项目，鼓励个人或组织到农村创业；面向农村居民建立完善的信息服务体系。

4. 建立多层次的合作社

乡村能否复兴，除了通过政府对乡村社区的积极干预来缓解市场力量的过度侵蚀外，也取决于农民自身能否通过合作社、农会等有效组织，在市场中保护和争取自身的利益。目前来看，加拿大的合作社主要有四个层次：基层合作社；中心、省级或地区级合作社；全国性的合作社机构；国际合作同盟。加拿大合作社又分五大种类，即农业供销合作社、金融类合作社、消费合作社、服务类合作社、农业生产合作社。合作社的广泛发展，有效改变了农业的弱势地位，农民也成为较高收入的群体，是挽救乡村衰弱的重要途径。

四、加拿大乡村建设的经验与启示

（一）界定政府、市场、社会组织间的行为边界

加拿大的情况表明，市场化在推进乡村现代化发展的同时也成为导致乡村社会衰落的因素，因此完全市场取向的公共政策容易导致市场力量对乡村社会的过度侵蚀。乡村复兴的希望还需依靠政府对乡村提供积极性保护，也取决于农民自身能否通过有效的组织形式，在市场中保护自身的利益。我国政府应该界定与市场、社会组织间的行为边界，尊重市场资源配置的基础性作用，支持农村社会的自主管理，体现政府职能的"兜底"特征。运用这一分析框架，完善政府对农业、农村发展的调控，要以农业市场化取向为基础，改革农村基本经营制度及农业支持保护体系，创新农村社会管理体制，重构政府行政管理体制。

（二）推动公共服务供给的改善

基础设施建设是乡村社会发展的重要内容和必要保障。我国目前公共服务供给面临两大重要困境：城乡居民公共服务均等化的压力以及不同人口特征地区分类服务供给的趋势。因此，我国一方面需要加大城市对乡村社区公共服务的支撑，避免类似加拿大乡村社会转型过程中出现的过度市场与效率导向的服务供给模式，更多从社会公平及政府责任角度来提高乡村居民的公共服务供给质量；另一方面需要重视加拿大在乡村人口外流后造成的公共服务供给困难，

政府需及早规划,根据人口构成的不同特征,建立分类集中供给机制,科学评估供应成本与居民实际需求等问题。

第六节 国外乡村旅游建设的四种开发模式

一、乡村旅游与乡村旅游产品介绍

(一)乡村旅游的概念界定

乡村旅游作为一种产业现象起源于19世纪的欧洲,其诞生标志是1865年意大利"农业与旅游全国协会"的成立,并且在"二战"以后获得迅猛发展,20世纪80年代后期,乡村旅游成了一种大规模的旅游形式,作为现代旅游业的新项目,在世界各国广泛开展起来。与之相比较,中国的乡村旅游大约是在20世纪50年代才刚刚起步。

目前国内外尚未对乡村旅游概念进行统一的界定,综合来看主要有四种观点,分别是区域旅游论、旅游活动论、旅游方式论、经营活动论。总的来说,这些概念的界定主要包含了三方面的内涵:第一,乡村地区是乡村旅游的区域;第二,农民是乡村旅游的经营主体;第三,乡村性内容是乡村旅游的吸引物,其中包括乡村的环境和文化等。综上所述,可将乡村旅游界定为在乡村地区,以农民经营为主体,以乡村性内容作为主要吸引物,以满足旅游者观赏、休闲、娱乐等多方面需求为目的的旅游活动。

此外,应注意区分乡村旅游和生态旅游、自然旅游、农业旅游的概念:①生态旅游包含在乡村旅游的概念中,不过生态旅游更强调游客、地区原住民及规划者的生态保护的责任;②自然旅游更突出其自然环境,而当地的风土人情等人文要素并不是必需的旅游内容;③农业旅游作为乡村旅游的特定产品之一,十分重视游客对农业生产的观摩和参与。

(二)乡村旅游的产品介绍

国内外关于乡村旅游产品的概念层出不穷,其中较为广义的说法是乡村旅游产品是指发生于乡村、以具有乡村性的旅游资源为基础开发出来的吸引旅游者参与的项目及活动。

对乡村旅游产品进行划分,主要可以将其分为四个维度,如图6-1所示。

1. 基础产品

基础产品面对的目标对象主要是大众化的乡村旅游者，在所有的旅游产品中它属于最早出现的类型，其吸纳消费的能力低且内容单一，由此可见进行资源整合是十分必要的，需要综合性地发展。

2. 功能产品

功能产品是以当地乡村资源为载体而形成的产品，具有相应的主题性和功能性，它对特定的旅游群体具有极强的吸引力，相比于基础产品，其消费水平会有大幅度的提升。

3. 发展产品

发展产品更加重视特定群体需求的满足，在功能产品的基础上使服务质量、设施水平和舒适程度等进一步提高，从而推动消费水平的提高，它将成为今后乡村旅游产品发展的一个重要趋势和导向。

4. 高端产品

高端产品是未来乡村旅游发展的一种极致表现，通过对乡村旅游产品品牌的塑造和品质的提升，吸引高收入、有共同特征的群体，消费水平非常高，是未来乡村旅游发展的最高端产品，但发展规模不会太大。

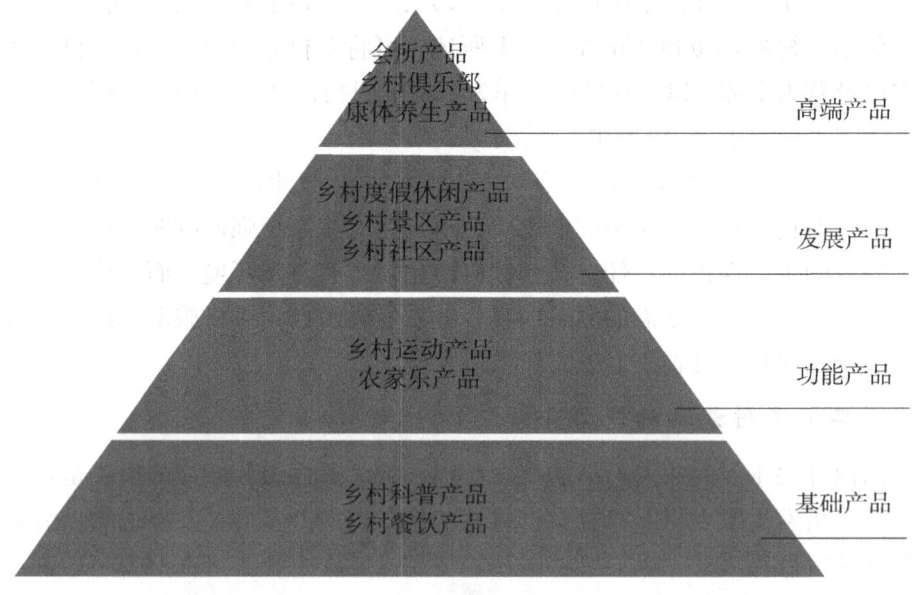

图 6-1　乡村旅游产品的四个维度图

（三）国外乡村旅游的发展历程

总的来说，国外乡村旅游的发展历程主要分为三个阶段：①起步阶段，其主要特征有以田园观光为主、小规模经营、客源以本地域市中等收入家庭为主；②发展阶段，其主要特征有产品类型多样化、旅游者趋向大众化、乡村旅游与休闲娱乐成为改变和塑造乡村景观和乡村社区的主要因素；③提高阶段，其主要特征有乡村旅游功能的改变、乡村旅游产品经营更加专业化和品牌化、客源趋向多元化和国际化、研究成果更加丰富以及研究方法更加成熟。

二、国外乡村旅游开发模式研究及实例分析

乡村旅游产业在西方发达国家已经开展了近百年，发达国家的乡村旅游已经具有相当规模，同时越来越多的都市人在城市的重压下渴望找到一个远离城市的地方进行身心的修养、放松，乡村旅游逐渐成了发达国家旅游业的重要方式。对于发达国家而言，乡村旅游活动不仅仅是满足人们需求的一种方式，更是控制人口流动的重要手段。

国外乡村旅游产业依托乡村的旅游资源，以开发多种旅游产品作为卖点，加之丰富有趣的各种旅游活动，已经由过去单一的观光型旅游模式逐渐向综合发展的模式转变，把观光、娱乐、休闲、参与、知识、保健等多种功能结合起来，设计出独具特色的乡村旅游产品，吸引更多的游客，拓展旅游活动的类型，增强乡村旅游活动的趣味性和体验感，已经逐渐形成了多元化、多功能和多层次的规模经营格局。依据乡村旅游开发项目、游客的旅游动机，可以将国外乡村旅游划分为四种主要的模式。

（一）观光型乡村旅游模式

这一模式的特点是依托风景秀丽、自然环境优良的乡村景观和独具特色的农业生活方式，促使越来越多的城市居民前来游玩，在远离城市的自然环境中放松身心，旅游者可以住在当地居民家中，同餐同劳，体验乡村农耕文化的生活方式。在这种旅游模式中，以不同的特色为依据进行划分，可以分为两种主要形式，分别是传统型和科技型。

1. 传统型乡村观光旅游模式

这一旅游模式的主要吸引物是把乡村农业生产、生活过程展示给那些来自城市的游客，尤其是具有当地特色的农产品的生产过程，一般的开发模式是在城市的周边地区或者风景区附近开辟菜园、农场、果园、茶园、花圃等，并使其具有观赏价值，可以让游客参与各类农事活动和户外活动，品尝当地的特色

美食，体验田园生活，获得乐趣，但是传统型乡村观光旅游模式很容易复制，缺乏竞争力，因此，为了发展得更加长久，该模式必须突出乡村地方特色，合理利用特色旅游资源，塑造出具有当地地方特色的旅游产品。

西班牙的葡萄酒旅游是在传统的观光旅游模式上形成的一种特色旅游形式，其充分利用了当地的葡萄酒资源，游客可以在葡萄园和酿酒厂等景点进行参观，并参与制酒、品酒活动，此外还为游客提供当地的美食品尝、购物、健身等一系列娱乐活动。在法国，每年就有数百万人来到远离城市的偏远村庄，住在当地居民家中，在农庄里进行参观，同时也可以品尝奶酪等特色美食。

2. 科技型乡村观光旅游模式

这一旅游模式的主要载体是利用现代高科技手段建立起来的农、林、牧生产基地，在该模式中，不仅可以保证农副产品的生产不会受到影响，能够正常进行，还可以把充足的旅游资源和场所提供给旅游者。

澳大利亚的法思·费利克斯是玛格丽特河谷的第一个商业葡萄园，园内拥有高科技种植设备，采用先进的种植技术，同时也为游客享受上佳的葡萄酒提供了活动场所，在石木结构的餐厅，游客可以俯瞰葡萄园和自然森林的全景，并享受美酒佳肴，葡萄庄园同时也举办艺术展览和现场音乐会。

（二）休闲型乡村旅游模式

休闲型乡村旅游依托乡村区域的旅游资源，开展丰富多彩的参与性旅游活动，满足了旅游者休闲娱乐、自我发展等需求，其最大的特点在于为了满足旅游者娱乐、放松、享受等高层次需求，以康体、休闲、娱乐为主要服务内容，开发的旅游产品更是将休闲度假作为最重要的卖点，产品的表现形式更具有新奇性、趣味性、互动性和知识性等特点。它主要包括休闲娱乐型、康体疗养型、自我发展型三种类型。

1. 休闲娱乐型

旅游者远离城市，利用假日外出进行身心的放松，而娱乐需求成为旅游者基本的旅游需求之一，休闲娱乐型是一种满足旅游者较高层次需求的旅游类型。

目前西方发达国家的休闲娱乐型乡村旅游项目非常注重娱乐性，通过开展形式新颖的活动，使旅客可以参与互动，满足了游客的多层次需求，获得了非常好的效果，很多发达国家都比较重视休闲娱乐乡村旅游发展模式。

日本的特色旅游模式是以美丽的乡村自然风光和独具特色的服务设施为载体的务农旅游。日本每年会举行两次务农旅游，分别在春天播种和秋天收割时，游客可以参与到当地农民的日常田间劳作，现场采摘农作物并做成美味的佳肴，体验乡村生活的乐趣。在日本沿海地带的岩手县，一个渔村里有50多户渔民常年接待游客，在海里捕鱼和加工海带成为当地旅游的特色，而且不受季节限制，吸引了越来越多游客的造访。此外在日本"水果之乡"青森县的牧场，游客可以在相关人员的指导下去牛奶场挤奶、放牧、采集果实等。日本务农旅游的方式让城市人回归自然，增进了人与人之间的交流，使身心得到调整和放松，也引起人们对农业和环保的重视。

2. 康体疗养型

现代社会的健康问题受到了越来越多人的关注，为了满足人们对于健康的需求，在许多国外的乡村旅游开发模式中，重点强调了要开发具有医疗保健功能的旅游产品，其中涉及了与健康相关的按摩、理疗、体检等各个方面，这些产品在获得经济效益的同时，也使游客对于健康的需求得到了满足。日本大分县的别府温泉、法国的森林旅游等都以旅游服务项目的医疗保健功能而闻名。

3. 自我发展型

自我发展型的乡村旅游主要是为了满足旅客对于提升自身能力的需求，游客在当地度假村提供的场地里，可以选择团队交流合作的方式，也可以自主探索学习，让旅行者在轻松舒适的环境中学习新知识、熟练新技能，在享受轻松休闲的同时，实现学习知识、提升能力的目的。日本的观鸟旅游就是一个最典型的例子，让游客在观赏鸟类的同时也学到了许多的鸟类知识。

（三）文化型乡村旅游模式

文化型乡村旅游将文化与旅游紧密结合，给游客展示了乡村的风土人情、生产生活方式，旅游者通过自己的发现了解到传统文化、古老习俗以及乡村历史等，并以乡村民俗、乡村民族风情以及传统民族文化为主题开发多种旅游项目，通过对乡村旅游产品中蕴含的文化内涵进行深度挖掘和探索，可以使旅游者高层次的文化需求得到满足。

西班牙的乡村旅游就是这一旅游模式的典范，它强调了要重视满足旅行者对于多种文化的需求，而为了满足这些不同的需求，开发出了很多文化旅游的路线，如城堡之旅、葡萄酒之旅、美食之旅、考古之旅、访历史文化遗迹之旅等。还有位于美国密苏里州的众多嗜好型农场，因森林湖泊众多、山势地形平缓，不种庄稼、不养牛，拥有可以骑马、狩猎、打网球或开飞机、游艇的私人农场，它以乡村民俗、民族风情以及传统民族文化为主题，将乡村旅游与文化旅游紧密结合起来。

(四) 生态型乡村旅游模式

"农业+旅游"式的乡村旅游强调以旅游带动农业提升,将农业生产和旅游活动紧密结合,互相促进,在增加旅游收入的同时促进农业的发展,形成良性互动。欧洲每年旅游总收入中,农业旅游收入占5%～10%。

在农业乡村旅游中,生态乡村旅游独具特色,这种旅游模式依托生态农业园,将生态农业和旅游结合,生态农业园是旅游的主要场所,园内依靠高科技手段进行大规模的农业种植与管理,旅游者可以参与农业园劳动,还可以通过购买或者租赁园中的一块土地进行农作物种植,体验农业园里的生活。波兰的生态农业旅游区的面积超过了40平方千米,是生态农业旅游模式的成功典范。

三、国外乡村旅游建设的经验与启示

社会经济的发展、旅游需求的转型,使乡村旅游成为旅游新热点,乡村旅游在全球范围内蓬勃发展。我国虽有发展乡村旅游的良好资源条件,但仍存在着许多问题,包括品牌定位趋同化、乡土文化城市化等,因此有必要借鉴国外的旅游经验,为中国的乡村旅游发展提供借鉴。

(一) 旅游产品更加多元化

目前,我国的"农家乐"旅游项目非常盛行,但是也逐渐显露出了产品同质化的弊端,并且愈发严重,在这一项目中基本上就是尝尝农家饭、睡睡农家炕、看看田园风光,乡村的娱乐方式、风土人情等体现乡村文化内涵的活动比较匮乏,尤其是表现乡村发展演变历史的内容少之又少。反观发达国家的开发模式,可以发现不同地区的旅游项目都具有地方特色,注重展示当地的文化和风俗等,开展各式各样的娱乐休闲活动,游客在感受到真正的乡村生活的同时,也收获了旅游的乐趣,因此我国在今后的开发过程中要力求旅游产品的多元化。

(二) 努力突出地方特色

因地制宜,开发富有地方特色的旅游项目,可以使本区域的旅游产品更具竞争力。阿根廷庄园主利用地利优势,开展了别具特色的登山探险、水上项目等,正是依据不同地区资源的独特性,突出其差异性,使得其竞争力和吸引力大大增强,从而打开新的局面,获得新的发展。在欧洲,很多乡村旅游都开展古堡游,不过不同的古堡游会根据自己的历史传奇、建筑特色等开展风格迥异、形式多样的旅游活动。

(三）深挖当地文化内涵

作为乡村旅游的成功经验之一，充分挖掘乡村文化内涵具有十分重要的意义，乡村旅游需要满足不同游客的不同需求，除了物质层面上的需求，还有精神层面的需求，因此乡村旅游不仅要整合地区的物质资源，还应该整合乡村的文化资源，并结合乡村的历史文化、民俗等开发新颖的旅游活动，增强游客的观赏体验。例如，在欧洲，几乎每座古堡都有自己专门的小博物馆，配有关于古堡历史及传说故事的声光表演，以及表现古堡特色的节庆活动等。另外，还要体现旅游者自身的价值，在亲身参与制作和设计的过程中，显示出其自身的乐趣。除此之外，文化内涵是因地区不同而有所不同的，这样一来也形成了乡村的差异化和多元化，增强了旅游竞争力，无论是酒庄游还是庄园游，无一不在挖掘文化内涵上下功夫。总而言之，乡村旅游的发展道路必须沿着与生态旅游、文化旅游紧密结合的方向发展，这一发展方向是使之规范化、高速发展的根本保证，同时也需要认识到乡村旅游也是保护自然生态环境和传统文化的最佳方式。

（四）强化社区的作用

有些地方，如西欧人多数地区，没有可以发展的乡村旅游，仅靠着当地的人情风俗来吸引游客，这也具有十分重要的借鉴意义。对此可以加大宣传教育，使得开发乡村旅游的重要意义被更多的当地社区居民所熟知，进一步调动他们的积极性，使其主动参与到乡村旅游的开发中去。

（五）宣传渠道创新性

针对目标客户和普通大众两大客群，采用"渠道推广与大众口碑相结合"的方式，形成"通过大众推广产品，通过渠道销售产品"的模式。项目上预留出大众体验区，包括品牌和产品展销、主题景观、标志性建筑等项目。空间处理上，保持农庄整体的一致性和各区域的独立性。

第七章 乡村综合开发与田园综合体建设

田园综合体，正是乡村区域综合开发的一种模式。2017年的中央一号文件在乡村振兴中引入了田园综合体这一重要模式，经过最近几年的探索，获得了不少经验，同时也产生了一些问题。本章分为乡村综合开发与田园综合体概述、田园综合体的发展模式两部分内容。

第一节 乡村综合开发与田园综合体概述

一、田园综合体与乡村综合开发

面对城乡一体化速度加快，农业供给侧改革深化，生产、经营及组织方式的深刻变革，新形势下的乡村振兴，已经不再仅仅是农业发展或农村发展问题，单一的农业农村开发建设，难以适应乡村振兴的需要。

在"生产、生活、生态"三生融合发展理念的指导下，在乡村划定一定区域，通过产业整合、产居整合，促进产业发展与居住社区基础设施一体化、公共服务设施的居民与游客共享化、乡村生活服务设施的社会市场服务化、乡村文化传承与时尚生活化、乡村污染治理及生态修复与环境美化宜居化、循环生态农业的质量提升与养生养老参与体验化等，都使得综合开发成为乡村振兴创新突破的客观要求。

从生产层面来看，单纯依靠农业生产带动农民增收已经无法实现，亟须通过产业的融合，形成新的带动引擎；从生活层面看，城镇化的持续推进，一方面加速了乡村的空心化、社会功能的缺失以及公共服务设施的欠账，另一方面带来了城市人对乡村田园生活的向往，两者之间的有效对接将形成正反馈激励；从生态层面看，乡村正在渐渐失去小桥流水、阡陌田园的传统印象，农村垃圾处理、面源污染治理、水源安全保护、绿色农业及有机农业的发展，将构筑起新的生态体系。

因此,乡村振兴不是单一层面提升的跛足结构,应该充分运用产业融合、产居融合的创新发展理念,引导社会资本与集体经济结合,进行区域综合开发,从而突破原有的农业与农村发展结构,形成若干适应市场需求的新平台、新载体。

田园综合体,正是乡村区域综合开发的一种模式。2017年的中央一号文件把田园综合体作为重要的模式,引入乡村振兴之中,经过探索,虽然获得了一些好的经验,但也出现了一些问题。但是,作为乡村区域综合开发的一种创新探索,田园综合体的实践,值得进一步深化探索、总结得失、引导发展。

除了田园综合体、乡村区域综合开发外,还有很多创新突破的新模式。如休闲农业庄园、农业互联网小镇、民俗乡村养老养生社区、市民农庄聚集区、乡村嘉年华等。

乡村综合开发的最大特点是政府、社会资本、集体组织、农民、城市人群的五方参与与合作,乡村振兴必须调动这五个方面的高效整合,才能够获得最好的效果。应该大力鼓励和推进乡村区域综合开发的试点探索,形成经验,进行推广。在政府的引导下,集聚社会较多的资本进入乡村,形成乡村有规模的开发,实现乡村振兴市场化的突破发展。

从乡村综合开发的整合内容来看,我们将其区分为两个方面,一是产业融合的综合开发,二是产居融合的综合开发。

(一)产业融合的综合开发是乡村振兴的基础

城市与乡村之间在经济、就业、社会福利等多方面不对等,乡村经常处于社会发展的停滞状态,很多时候是城市人力资源、生产资源的提供者,也成了城市反哺、政府拯救的对象。长期以来,乡村缺乏的就是自身发展动力机制的形成,想突破,必须首先实现产业的突破。如果在乡村振兴过程中,无法实现产业的市场化、有效化、持续化发展,仅仅依靠政府的资金保障、社会保障、政策保障,恐怕30年后甚至50年后,都无法实现乡村振兴的真正目标,更无法构建起乡村持续健康发展的社会经济结构。

产业融合的关键在于,以现代农业的有效发展为基础,跳出"农"的限制,引导和推动更多的资本、技术、人才等要素向农业农村流动,通过专业大户、家庭农场、农民合作社、农业产业化龙头企业等融合主体的培育,调动广大农民的积极性、创造性,形成现代农业产业体系,提升农业本身的发展质量;同时由于我国农业生产要素流动机制及农村社会发展的限制,农业本身的增长又具有一定的局限性,因此,应通过新产业、新业态的导入,有效推动农业与文化、科技、生态、旅游、教育等第三产业的深度融合,形成农村电子商务、休闲农业、乡村旅游等农村新产业新业态,延伸农业产业链,提升农业附加值,并通过保底分红、股份合作、利润返还等多种形式,让农民分享全产业链增值收益。

(二)产居融合的综合开发是乡村振兴的特色

良田、屋舍、耕作、袅袅炊烟、独斟自酌、隐居……乡村在我国几千年的文化中,就一直代表着一种"桃花源"般的梦想家园。未来的乡村要打造的就是这样一种人人都能回得去的、承载着梦想的、生态和谐发展的田园乡居。因此,逆城镇化趋势下,人们对田园、绿色、乡愁等的追求,将成为我国农村未来发展的最大推动力。

但田园居住、生态宜居,又必须与产业发展紧密结合。如果没有产业发展做后盾,仅仅把农民的住房转化为城市人的别墅,则完全违背社会发展的规律,是国家严令禁止的,也根本不可能带动乡村振兴的有效持续发展。多产业发展带来乡村人口的重塑,由此带来了多样化的居住,如旅居、养老居住、休闲居住、创业者居住等。

产居综合开发有几大关键点:一是优化空间布局,正确处理产业发展与生活居住的关系;二是合理协调当地人口、外来创业人口以及外来休闲度假人口之间的居住关系;三是以打造美丽宜居、生态乡村为目标,全力整治农村环境"脏、乱、差"问题,优化人居环境;四是区别于传统乡村,需要有效结合各大人群的工作、消费、休闲、度假等多样化需求,实现功能的综合配置;五是完善基础设施、公共服务设施等方面的综合建设,实现配套的综合建设;六是强化乡风建设、治安管理,营造文明、有序的生活环境。

产业融合与产居综合开发,涵盖了乡村发展的方方面面。概而言之,未来乡村的发展,将成为以多产业体系带动的、生态宜居的、治理良好的、生活富裕的现代社会区域,能够提供高质量的基础设施与公共服务,在工作、居住、学习、休闲等各方面能够和城市的生产生活相融合的新型发展区。这些产居融合的新型乡村社区,代替传统村落,代替传统的农业产业区,代替传统的农民居住区,形成新乡村社会形态,成为人们实现田园生活梦想的地方。

未来,随着乡村振兴步伐的加快与落地实施,多种多样的综合开发结构将遍布城郊和广大乡村,成为城乡一体化的典型载体,并与传统村落共同作用,汇聚人流、物流、信息流、资金流,推动乡村实现产业兴旺、生态宜居、乡风文明、治理有效、生活富裕。无论未来政策怎么变动,无论是否还有田园综合体这一称呼，我们都认为与其类似的综合开发结构仍将是未来乡村发展的新型增长点。

二、田园综合体与乡村振兴

田园综合体不同于以往的"传统村落""美丽宜居村落""乡村旅游村落"等乡村发展政策。它一方面保证农村特色的传承，满足人们对于回归乡土的需求；另一方面完善农村特色生活模式，提高农村经济发展速度，促进农村与城市的经济交流，创新城乡发展，将乡村的土地资源与企业的科技、金融资源结合起来，形成产业变革带来的社会发展，重塑我国乡村的美丽田园、美丽小镇。

实施乡村振兴战略，是党的十九大做出的重大决策部署，是决胜全面建成小康社会、全面建设社会主义现代化国家的重大历史任务，是新时代"三农"工作的总抓手。

（一）田园综合体是实现乡村振兴的关键

实施乡村振兴，田园综合体建设大有可为。

党的十九大报告中"坚持人与自然和谐共生""实施乡村振兴战略"等论述为我国农村未来的发展指明了方向。田园综合体建设以田园生产、田园生活、田园景观为核心组织要素，一二三产业融合发展，让城市与农村发挥各自的资源优势，打破城市和农村分隔壁垒，逐步缩小城乡差距，逐步实现城乡统筹发展。可以说，田园综合体是城乡统筹发展的新生事物，建设田园综合体是农民增收、农业发展、农村兴旺新路径，也是实施乡村振兴战略的重要抓手。

实施乡村振兴战略的关键就是充分利用当地的潜在资源发展田园综合体，把田园生产、田园生活、田园生态等有机结合起来。据介绍，作为国家级试点田园综合体项目，江苏兴化市缸顾乡千垛田园综合体包括东旺、西旺、东罗、西罗等4个村庄，占地10平方千米。这里有"全国最美油菜花海"的千垛菜花风景区，还有被称为世界重要的农业文化遗产的垛田地貌。千垛田园综合体包括农业景观、休闲集聚、农业生产、生活居住四大功能区，将重点打造垛田观光、渔村体验、互动游乐、康养度假等产品。项目启动以来，26个子项目建设全面展开。其中东罗村面貌焕然一新，其"政府＋市场主体＋村集体"管理模式颇有代表性，由代表政府的文旅集团、社会资本和村集体三方合资组建的旅游发展公司负责项目实施。政府财政已投入4 000多万元，主要用于补充基础设施、公共服务设施等短板，引导并带动企业加大产业发展投入。

（二）田园综合体是实现乡村振兴的平台

党的十九大报告指出，实施乡村振兴战略，建立健全城乡融合发展体制机制和政策体系，加快推进农业农村现代化；深化农村土地制度改革，构建现代农业产业体系、生产体系、经营体系，发展多种形式适度规模经营，培育新型农业经营主体，促进农村一二三产业融合发展。2017 年的中央一号文件首次提出：田园综合体是培育新型农业经营主体，是促进农村一二三产业融合发展的支撑和主平台。支持有条件的乡村建设以农民合作社为主要载体、让农民充分参与和受益，集循环农业、创意农业、农事体验于一体的田园综合体，通过农业综合开发、农村综合改革转移支付等渠道开展试点示范。田园综合体是集现代农业、休闲旅游、田园社区为一体的综合发展模式，是在城乡一体化格局下，顺应农村供给侧结构改革、新型产业发展，结合农村产权制度改革，实现我国乡村现代化、新型城镇化、社会经济全面发展的一种可持续性模式。从根本上说，田园综合体是一种新型的现代农业发展模式。

农村是我国传统文明的发源地。实施乡村振兴战略，必须在农村地区找到新平台，田园综合体正是实现这一目标的载体，即乡村振兴必须着眼于"田园"，并在城乡融合发展中创造"现代田园"。

田园综合体集聚产业和居住功能，让农民充分参与和受益，是培育新型职业农民的新载体。另外，各种扶贫政策和资金能够精准对接田园综合体，让农民有更多获得感、幸福感。

总的来说，发展田园综合体能推动农业发展，促进农民增收，改善农村生活环境，让农村成为真正安居乐业的美丽家园。

（三）田园综合体的地理空间与市场空间大

一方面，改革开放以来，随着我国城镇化进程的不断加快，我国农村大量劳动力向城镇转移，就业、打工、经商等。数据显示，我国城镇化率从 1978 年的 17.9% 提高到了 2017 年的 58.5%；城镇常住人口由 1978 年的 1.72 亿人提高到了 2017 年的 8.13 亿人。我国在过去的 40 年间走完了发达国家用上百年时间才完成的城镇化进程。我国城镇化和工业化吸纳了大量农民工进城就业和居住。到 2017 年底，外出打工的农民工总量已经超过 2.7 亿人。此外，大学生也在一定程度上推动了我国城镇化的发展，尤其是农村大学生，毕业后基本都留在了城市工作。农村人口转移后留下可利用土地，为田园综合体提供了大量空间。

另一方面，随着我国经济社会的快速发展，人们生活水平日益提高，尤其对高质量的绿色农产品的需求日益提高，为田园综合体提供了产品市场空间。不仅如此，近年来周边游、周末游、亲子游日渐兴起，也为田园综合体（尤其是城市周边的田园综合体）提供了旅游市场空间。

（四）田园综合体将成为精准扶贫的新路径

现代农业不仅有传统的产品供给、劳动就业等功能，还有文化传承、观光休闲等多种功能，这正是田园综合体实现产业融合、培育新产业、新业态的基础。田园综合体的核心在于推动区域经济发展，让农民充分参与和受益，赋予了农民及其从事的产业自主"造血"的功能。田园综合体建设过程中的用工需求及当地经济的发展，势必会使外出务工人员回流，农民参与田园综合体建设的过程，既是学习的过程，也是向新型农民转型的过程；同时，那些与田园相关的农事活动、风土人情、自然景观等将成为吸引城市人前往乡村进行休闲观光体验的主要推动力，增加当地休闲旅游收入。按市场规律生成的田园综合体中每个个体都将围绕共同的利益，建立相互联系、相互支撑、休戚与共、和谐共处、平等共生的紧密关系。

（五）田园综合体将成为乡村复兴梦的核心动力

乡村最大的资源价值在于其田园诗画般的自然环境，因此，农业不仅承担着农民增收、农村繁荣的职能，还承担着生态保护的功能，在农村创新发展的过程中，既要使农村享受城市文明的发展成果，又要使农业文明保持田园风光和独有魅力，真正实现农业增效、农民增收、农村增绿。田园综合体以乡村复兴为最高目标，以田园生产、田园生活、田园景观为核心组织要素，多产业和多功能有机结合，是盛世乡愁的存放地。通过田园综合体，有助于实现城市文明和乡村文明的融合发展，为传承和发展我国的传统农耕文化提供了契机，在满足人们回归乡土的需求时，让城市人流、信息流、物质流真正做到反哺乡村，促进乡村经济的发展，使乡村治理获得深层次的支撑，助推美丽田园、和谐乡村的实现。

乡村振兴，不仅是经济的振兴，而且还是生态、社会、文化、教育、科技的振兴，是一个系统工程；田园综合体是在原有的生态农业和休闲旅游的基础上进行延伸和发展的，以产业升级、产品升级、地产综合开发模式带动乡村经济和文化发展，建设好田园综合体将对落实好十九大提出的"乡村振兴战略"起到重要的支撑作用。在注重政策支持和资金扶持的基础上，要科学确立推进路径，积极探索发展模式，因地制宜，综合施策，使田园综合体走上良性的发展轨道，为农村的可持续发展提供文化内涵和经济支持，从而实现人与自然和谐发展的现代化建设新格局。

（六）田园综合体将成为促进城乡一体化发展的有效模式

田园综合体也是一种实现城市与乡村互动的商业模式。城乡一体化，首先要解决的是"人的城市化"。城乡融合发展，绝不仅是农村的要素流入城市，城市的要素和资源也会流入农村。在工业化、城镇化的进程中，一部分村庄的消亡不可避免，但一部分村庄仍然要长期存在。生态宜居的美丽乡村建设意味着农村不能再延续农业兼业化、农民老龄化、农村空心化的状况。在田园综合体的发展过程中会有大量的城市居民到农村进行消费，这样能够让农村在发展的过程中将第一产业和第三产业融合，同时，让城市居民了解乡村文化，让更多的农村人接触到城市文明，让两者之间形成良性的互动模式。从城乡统筹发展的视角出发，打破城市和乡村相互分隔的壁垒，逐步实现城乡经济和社会生活的紧密结合与协调发展，逐步缩小城乡差距，使城市和乡村融为一体，而田园综合体正是形成城乡经济社会一体化、乡村振兴新格局的重要载体。

（七）田园综合体将成为农业供给侧结构性改革新的突破口

近年来，我国主要以农业供给侧改革为转化"三农"的发展动能，进行了多项改革尝试，下一步"三农"领域面临的新挑战应是如何使农民受益，让投资者增收。

田园综合体建设始终坚持以农业为主导，坚持强农、富农、为农的理念，以空间创新优化产业、延伸链条，有助于深度融合一二三产业，促进产业经济结构的多元化，在继续增加农产品总量、提高农产品质量的同时，突出挖掘农业在美化环境、康养服务、农事体验等方面的溢出功能，打造特色鲜明和极具竞争力的"新第六产业"，实现现有产业和载体的升级换代，将极大地推动农业供给侧的有效改革。

（八）田园综合体将成为改造农村生产经营方式的有效途径

产业兴旺是实现乡村振兴的基础，"农业+文化+旅游"是田园综合体建设的基本产业模式，也是使农业产业溢出文化、旅游、康养等新功能的着眼点和落脚点。一个完善的田园综合体应涵盖农林牧渔、加工、制造、餐饮、旅游等行业，并会进一步囊括科技、健康、养老、创意、休闲、文化、会展、培训、检测、加工、电商、贸易、物流、金融等，构成相互融合、相互促进的三产融合体。田园综合体采用企业为主、政府搭桥、农民参与、多方共建的开发方式，在乡村社会进行大范围的规划、开发、运营，引发了科技、管理、生产销售模式等的一系列变化，将深刻调整农业的发展方式、农民的增收方式以及农村的生活方式和农村的治理方式，促进农业生产体系、产业体系、经营体系的完善，从而促进农业综合效益和竞争力的全面提升，使农业农村发展处于前所未有的新阶段，从而实现乡村发展的历史性转变。

（九）田园综合体将成为农村生产生活、生态统筹推进的新形式

"三生融合"，就是生产不离生活，生产、生活不离生态，三者互为因果，互相促进，这样才能打造出高品质的生活、高效率的生产、高文明的生态。"三生同步"才能使农业产业得到跨越式发展，农民生活得到跨越式提升，农村形象得到跨越式美化。田园综合体的田园风光、生态环境和循环农业模式，可以更好地满足城市居民对生态旅游和乡村体验的消费需求，在经济价值、生态价值和生活价值上获得均衡发展，组合现代农业生产空间、居民生活空间等功能板块，并在各部分之间建立相互依赖、互利互惠的动态关系，遵照我国乡村自古以来的田园居住特色，使生产、生活和生态融合互动发展，促进乡村振兴，从而全方位地提升农民的幸福指数。

第二节　田园综合体的发展模式

一、田园综合体建设背景与必要性

（一）田园综合体的建设背景

深入贯彻党的十九大精神，用绿色发展推进乡村振兴战略和持续加快推进农业农村现代化建设，继续深入贯彻党的十八届四中、五中、六中全会精神、《中共中央、国务院关于深入推进农业供给侧结构性改革加快培育农业农村发展新动能的若干意见》以及习近平总书记系列讲话精神，结合财政部《关于开展田园综合体建设试点工作的通知》的要求，依托当地的特色产业优势，围绕特色农业生产、一二三产业集聚、体验休闲乡村宜居三条主线，重点实施一批创意农业、循环农业、体验农业、产业园区、科技园区、美丽乡村、农耕文化项目，实现功能拓展、产业升级、三产融合、园村一体化发展，空间上形成点、线、面相结合的格局，并从产业体系、服务体系、经营体系、运行体系、生产体系、生态体系出发，打造多维综合服务网络，力争探索一条适合当地的田园综合体发展模式，实现"村庄美、产业兴、农民富、环境优"的目标。

第七章　乡村综合开发与田园综合体建设

2017年2月5日，中共中央、国务院公开发布《关于深入推进农业供给侧结构性改革加快培育农业农村发展新动能的若干意见》，这是改革开放以来第19份以"三农"为主题的一号文件，也是自2004年以来，中央一号文件连续第14次聚焦"三农"。

"十三五"时期是我国全面建成小康社会的决胜阶段，加快推进农村产业融合发展迎来了难得的机遇。以信息技术等为代表的新一轮产业技术革命，正在深刻影响着现代农业发展，农村一二三产业已呈融合发展态势，必须因势利导，切实加大政策支持力度，加快农业现代化进程，促进"四化"同步发展。随着资源环境约束增强，国际农产品市场影响加深，依靠拼资源、拼投入的粗放式农业发展道路已难以为继。推进农村产业融合发展，就是以市场需求为导向，以完善与农户利益联结机制为核心，以制度、技术和商业模式创新为动力，以新型城镇化为依托，延伸农业产业链，拓展农业多种功能，培育农村新型业态，形成农业与二三产业交叉融合的现代产业体系、惠农富农的利益联结机制、城乡一体化的农村发展新格局。

习近平总书记在中共中央政治局第二十二次集体学习时强调，要加快建立现代农业产业体系，延伸农业产业链、价值链，促进一二三产业交叉融合。李克强总理在2014年底召开的中央农村工作会议上指出，在稳定粮食生产的基础上，有必要认真研究和推进农业结构战略性调整，加快发展农业产业化，促进一二三产业融合互动，提高农业发展的质量和效益。汪洋副总理多次就推进一二三产业融合发展做出指示和批示，要求做强一产、做大二产、做活三产，延伸农业产业链条，打造农业全产业链。2016年国务院办公厅印发《关于推进农村一二三产业融合发展的指导意见》，围绕加快农村产业融合这一主线，从发展多类型方式、培育多元化主体、建立多形式利益联结机制、完善多渠道服务、健全多层次推进机制等方面，明确到2020年，农村产业融合发展总体水平明显提升，产业链条完整、功能多样、业态丰富、利益联结紧密，更加协调的新格局基本形成，农业竞争力明显提高，农民收入持续增加，农村活力显著增强。

2017年中央一号文件明确指出，以体制改革和机制创新为根本途径，优化农业产业体系、生产体系、经营体系；着力发展农村新产业、新业态，促进三产深度融合，实现农业的全环节升级、全链条升值；针对当前休闲农业、乡村旅游、乡村养老等新产业、新业态用地需求旺盛，文件提出允许通过村庄整治、宅基地整理等节约的建设用地采取入股、联营等方式，重点支持乡村休闲旅游养老等产业和农村三产融合发展；深入实施农村产业融合发展试点示范工程，支持建设一批农村产业融合发展示范园。

近年来，我国成功建设了国家现代农业示范区和国家农业科技园区，以"发展现代农业的基地，农民就业的福地，农民增收的宝地"为目标，用标准化的理念抓农产品生产，用工业化理念抓品牌带动，用服务业的理念提升价值，突出农业特色，提高农业综合效益和现代化水平；并结合农村产权制度改革，探索农村空闲宅基地复耕及新民居建设，加强基础设施、产业支撑、公共服务、环境风貌建设，推动农业产业转型升级，促进农村一二三产融合发展，真正绘就农业强、农村美、农民富的美好蓝图。在生态循环农业经济、农旅结合、农业可持续发展等领域取得良好的效果，为田园综合体试点工作的开展奠定良好的基础。

（二）田园综合体建设的必要性

1.培育乡村发展新动能的重要抓手

乡村振兴，产业兴旺是重点。坚持质量兴农、绿色兴农，以农业供给侧结构性改革为主线，加快构建现代农业产业体系、生产体系、经营体系，提高农业创新力、竞争力和全要素生产率，加快实现由农业大国向农业强国转变。

第一，夯实农业生产能力基础，全面落实永久基本农田特殊保护制度，加快划定和建设粮食生产功能区、重要农产品生产保护区，完善支持政策。

第二，实施质量兴农战略，深入推进农业绿色化、优质化、特色化、品牌化，调整优化农业的生产力布局，推动农业由增产导向转向提质导向。

第三，构建农村一二三产业融合发展体系，实施农产品加工业提升行动。鼓励企业兼并重组，淘汰落后产能，支持主产区农产品就地加工转化增值。

第四，构建农业对外开放新格局，深化与"一带一路"沿线国家和地区农产品贸易关系。

第五，促进小农户和现代农业发展有机衔接。统筹兼顾培育新型农业经营主体和扶持小农户，采取有针对性的措施，把小农生产引入现代农业发展轨道。发展多样化的联合与合作，提升小农户组织化程度。注重发挥新型农业经营主体带动作用，打造区域公用品牌，开展农超对接、农社对接，帮助小农户对接市场。扶持小农户发展生态农业、设施农业、体验农业、定制农业、提高产品档次和附加值，拓展增收空间。研究制定扶持小农生产的政策意见。

2.探索农村经济社会全面发展的重要载体

随着我国经济的跨越式发展，我国经济发展进入了新常态，农业发展进入新阶段，农村产业发展的内外部环境发生了深刻变化，农业发展面临农产品价格"天花板"封顶、生产成本"地板"抬升、资源环境"硬约束"加剧、农民增收速度减慢、生活环境有待改善等新挑战,迫切需要一个新的载体,用于农业经营方式、生产方式、资源利用方式、管理方式、新农村建设以及生态环境保护等方面的探索和试验。田园综合体试点项目的开展,将以农业为主导,以农民充分参与和受益为前提,以农业合作社为主要建设主体,以农业和农村用地为载体,融合工业、旅游、创意、地产、会展、博览、文化、商贸、娱乐等三个以上产业的相关产业与支持产业,形成多功能、复合型、创新性地域经济综合体,推动农村经济社会的全面发展。

3. 实现农业一二三产融合发展的重要平台

田园综合体的建设围绕果蔬、休闲农业主导产业,通过良种繁育、标准化基地、农产品深加工、物流配送、电子商务、休闲旅游、科普教育等环节的建设,不断推动农业全产业链的整合和一体化运作,加快农业全产业链的发展,增强新型主体带动产业发展和农民增收的能力,推动农村一二三产业深度融合发展。

4. 推动生态文明建设的重要途径

近年来,探索农村环境保护的新机制、新模式,致力于发展循环农业、推广农业标准化生产、推进"互联网+"农业,积极开展农村生活垃圾收集处理、畜禽污染治理、生活污水治理、土壤污染治理、农村工业污染治理五个全覆盖,逐步摸索出一条农村环保之路。但是随着多年的粗放式生产,农村也面临着地下水超采,耕地有机质含量逐年下降、土壤板结,通透性差,保水保肥能力低,土壤盐渍化区域性发生等问题,区域农业内源性污染问题凸显,化肥、农药使用量大,利用率低,残膜农田积累,畜禽粪污处理不足等问题的存在对农村的生态环境造成巨大的威胁。田园综合体项目的开展,强化人民"绿色青山就是金山银山"的理念,优化农业生态环境,深度挖掘农村农业生态价值,推动农村生态文明建设。

5. 深入推进美丽乡村建设的重要手段

城乡一体化是我国现代化和城市化发展的一个新阶段,改变长期形成的城乡二元经济结构,实现城乡在政策上平等、产业发展上互补,是现阶段城乡统筹发展的重要研究课题。田园综合体项目的建设可在发展农业生产、用现代农业技术改造传统农业的同时,对发展理念转变、发展方式转变与农村生态文明建设方面也起到良好的示范带动作用。推进美丽乡村建设,首要任务是要以田园综合体带动为立足点,通过提高农业效益、增加农民收入,达到"经济繁荣、设施完善、环境优美、文明和谐"的美丽乡村目标。

二、田园综合体的解读

（一）田园综合体的概念

1. 田园综合体的定义

田园综合体是一个乡村发展平台，它基于农业生产和乡村田园景观，以农民为参与主体，以观光休闲为主题，融合"生产、生活、生态"功能，集农业生产、农民就业、休闲文旅、商业服务、田园社区为一体，拓展现代农业原有的研发、生产、加工、销售产业链，使传统功能单一的农业及农产品成为现代休闲产品的载体，发挥产业价值的乘数效应，最终形成的是一个新的社会、新的社区。

田园综合体是新田园主义的主要载体，是基于城乡一体化的格局，工业化、城镇化发展到一定阶段，顺应农业供给侧结构性改革、生态环境可持续、新产业新业态发展，结合农村产权制度改革，实现中国乡村现代化、新型城镇化、社会经济全面发展的一种可持续模式。

2. 田园综合体的特征

（1）以产业为基础

农业为田园综合体的基础性产业。在开发田园综合体的过程中主要进行的开发有田园景观开发、休闲旅游开发、山水景观开发、农耕景观开发、休闲生态开发等，在进行开发的过程中应当将各个层面的开发内容相结合，要能够保证整体开发的统一性，企业承接农业，用发展农业产业园区的方法来提高农业产业，尤其是现代农业，从而促使其成为当地社会的基础性产业。

（2）以文化为灵魂

乡村是中华文化的源头，我国几千年积累的传统文化精华大多与农村、农业息息相关。田园综合体要充分挖掘当地世代形成的风土民情、民俗演艺等，使城市居民能够充分体验农耕生活和乡村生活，从而能够引导人们重新思考生产与消费、城市与乡村、工业与农业的关系，产生与自然规律相符的自警、自醒行为，并在陶冶性情的过程中实现自娱自乐。

（3）以体验为活力

农村综合体是一个集生产、生活、生态、文化为一体的综合体。将农业生产、农耕文化、农耕生活转化为商品进行销售，使城市居民能够亲身体验农耕和自然风光，使他们的身心得到愉悦，从而形成一个新的产业模式。

（4）以旅游为先导

目前，乡村旅游已成为世界发展的潮流，而田园综合体正是顺应这一潮流而产生。旅游业可作为驱动性的产业选择，对乡村的社会经济发展起到带动作用，能够缩小城乡之间的差距，而解决物质水平差距的办法便是创造城市居民的乡村消费。

（5）以乡村复兴为目标

田园综合体的发展是乡与城、农与工、传统与现代、生产与生活的结合，认真遵循乡村的发展规律，并保留乡村的特色风貌，有效地在农业生产中融入科技和人文要素，深入拓展农业功能，并整合资源，使传统农业向融生产、生活、生态为一体的现代农业的方向发展，为日渐萧条的乡村注入新的活力。

（二）田园综合体的立项与申报

田园综合体作为休闲农业、乡村旅游的创新业态，是城乡一体化发展、农业综合开发、农村综合改革的一种新模式和新路径，以农民合作社为主要载体，让农民充分参与和受益，集循环农业、创意农业、农事体验于一体。开展田园综合体试点和农村综合性改革试点试验工作，是中央赋予财政部牵头完成的任务。

为贯彻落实好2017年中央一号文件的有关精神，大力实施乡村振兴战略，财政部印发了《开展农村综合性改革试点试验实施方案》《关于开展田园综合体建设试点工作的通知》，决定从2017年起在有关省份开展农村综合性改革试点试验、田园综合体试点工作。按照3年规划、分年实施的原则，中央财政安排资金1.5亿元，地方财政资金按中央财政资金的50%投入，共计2.25亿元。

财政支持分为中央财政支持和省级财政支持。

国家级田园综合体每年6 000～8 000万元，连续3年，实行先建后补，分批拨付。

省级田园综合体由省级财政统筹安排，可根据各省具体情况而定，一般每年3 000～6 000万元。

省级田园综合体申报部门为财政厅农发办。

申报田园综合体认定流程，包括8个步骤：总体规划—市、省初选—报农发办—实地评估—竞争答辩—项目公示—项目评议—批复立项。

申报条件田园综合体必须符合以下条件。

①功能定位准确。突出基于农业的产业融合、辐射带动等主体功能，具备循环农业、创意农业、农事体验一体化发展的基础和前景。

②基础条件较优。区域内应具备完备的农业基础设施，良好的农村特色，

优势的产业基础，优越的区位条件，较大的发展潜力，健全的农民合作组织，显著的规模经营，龙头企业也具有较强的带动力。

③生态环境良好。能够落实绿色发展的理念，最大限度地保留青山绿水，积极推进山水田林湖的整体保护、综合治理。

④政策措施有力。地方政府具有较高的积极性，在用地保障、财政扶持、金融服务、人才支撑等方面有基本保证。具有完备的水、电、路、网络等基础设施。

⑤投融资机制明确。积极创新财政投入使用方式，鼓励各类金融机构加大金融支持田园综合体建设力度，对政府和村级组织的债务风险进行严格把控。

⑥运行管理顺畅。可采取村集体组织、龙头企业等共同参与田园综合体的建设，盘活存量资源，充分调动各方的积极性，通过创新机制使田园综合体建设和运行的内生动力得到充分激发。

总之，各地试点省有关单位，可以按照财政部门的相关规定和要求，组织申报田园综合体项目，开展农村综合性改革试点试验工作，为落实2017年中央一号文件精神，积极推进农业供给侧结构性改革，加快培育农业农村发展新动能取得经验。

（三）田园综合体试点扶持政策

综合考虑各地发展建设基础、开展试点意愿、改革创新工作推进、试点代表性等因素，中央财政将按照三年规划、分年实施的方式，三年共扶持1.5亿元，地方财政根据实际情况给予安排。政府扶持资金的使用方式如下。

中央财政从农村综合改革转移支付资金、现代农业生产发展资金、农业综合开发补助资金中统筹安排，每个试点省份安排1~2个试点项目，各省可按照自身的实际情况对具体的试点项目个数进行确定。

地方自行研究确定试点项目资金和项目管理具体政策。各试点省份、县级财政部门要统筹使用好现有各项涉农财政支持政策，创新财政资金使用方式，采取资金整合、先建后补、以奖代补、政府与社会资本合作、政府引导基金等方式支持开展试点项目建设。

经财政部年度考核评价合格后，试点项目可继续安排中央财政资金。对试点效果不理想的项目将不再安排资金支持。

三、田园综合体的开发架构与产业体系

（一）田园综合体的结构体系

基于田园生活方式下产业综合发展和社区综合发展的创新目标，田园综合

体须构建一个创业发展的综合化平台,突破简单的农业综合开发结构,充分利用农村集体土地政策,利用集约化、规模化、智慧化的开发手法,整合生产资料与服务资料,突破城镇村规划和建设结构,实现市场主体带动下的农户深度参与,从而促进城乡的融合发展。田园综合体是政府和市场主体共同推动下的综合发展结构,需要系统化的综合规划与合理的业态布局策略。

1. 景观吸引核

景观吸引核不仅是吸引人流、提升土地价值的关键,也是打造田园综合体的一个核心。基于丰富的地形、良好的生态基底以及规模化的农业种植,依托观赏型农田、瓜果园、苗木花卉展示区、湿地风光区等项目,田园综合体可形成景观吸引核,使游人感受田园风光和自然美景,放松身心,体会农业的魅力。

2. 农业生产区

一般来讲,会将农业生产区安排在土壤、气候条件良好,有灌溉和排水设施的区域,主要通过引入现代农业科技,开展循环农业、创意农业和农业体验。基础性生产项目包括农作物生产,果树、蔬菜、花卉园艺生产,畜牧业、渔业生产等。该区域不仅能够实现农产品的有效流通,还具有以下两大功能:一是开展生态农业示范、农业科普教育示范、农业科技示范等项目;二是通过大力推广农业科技和农业传统知识,向游人展示农业的独特魅力,丰富游人的农业知识,并使他们加深对农业的了解。

3. 居住发展带

居住发展带是田园综合体构建城乡融合的重要支撑。旅游各要素的延伸带动农业与休闲产业发展,形成以农业为核心、休闲为支撑的一二三产融合发展体系。田园综合体通过产业融合与产业聚集,带动农民社区化居住、产业人居住、外来游客居住、外来休闲人群居住(二居所)、外来度假人群居住(三居所)等五类人口聚集,从而形成依托休闲农业,生产、生活、生态相融合的居住空间,这也构成了乡村现代化的核心基础。

4. 社区配套网

社区配套网是田园综合体必须具备的乡村现代化支撑功能,包括产业配套和生活配套。产业配套是服务于农业、休闲产业的金融、商贸、物流、培训等设施,生活配套是服务于本地居民生活的医疗、教育、商业等公共服务,两者共同形成产城一体化的公共配套网络。

（二）田园综合体的打造策略

1. 以农事休闲体验为带动

农事休闲体验是田园综合体发展的重要内容，主要体现在乡村旅游与休闲农业领域。以农业为基，以乡村为域，以农耕文化为核，以旅游为手段，通过不同类型、不同层次、不同规模的乡村旅游与休闲农业产品开发，塑造田园综合体的重要吸引力，并有效实现农业与市场的对接。

农事休闲体验打造的核心在于形成观光、游乐、运动、居住等多业态、多功能的复合与聚集，从而满足多样化的市场需求。在具体开发中，可根据地域特色、文化特色等具体情况，侧重开发其中某一项或几项功能，形成各具特色的乡村旅游休闲项目。

2. 以综合开发为主要手段

（1）资源的综合开发

在结合农林牧渔生产与经营活动、农村文化与农家生活的基础上，充分利用田园景观、自然生态及环境资源，将生态农业与休闲旅游进行合理组合。

（2）产业的综合发展

由单一的农业生产到泛休闲农业产业化的转变，实际上是包括生产、休闲、科普、旅居、商业等在内的泛休闲农业产业的综合发展架构。

（3）功能的综合配置

田园综合体不同于传统农业，要聚集多种休闲体验功能，一站式满足游客全方位的旅游体验需求。

（4）配套的综合建设

除了对产业功能的打造，产居融合的田园综合体还需要市政设施、基础配套、服务管理机构等方面的综合建设。

（5）目标的综合打造

一个成功的田园综合体，完全有可能发展成为"城乡特色功能区、乡村振兴的典范、农业休闲示范区"，这是一个综合目标的构架。

（6）效益的综合实现

以农业为切入点，以景观提升为基础，引入休闲功能形成土地综合开发，是对农业产业化、农产品品牌、土地价值和区域经济效益的综合提升。

3. 以农业生产体系构建为基础

田园综合体是农业供给侧结构性改革的有益探索，其产业构建、空间布局、推广运营等都应以农业生产为基础。因此，进行田园综合体开发，要充分分析资源与环境条件，构建农业生产体系，对农业生产与产业升级所必需的供水、供电、农业设施等进行整体升级，推进中低产田改造和高标准农田建设，积极构建现代农业生产体系，从而形成一个合理的农产品供给结构。

4. 以新型农业经营体系为载体

创新经营体系构建，发挥多种农业适度规模经营形式的引领作用，形成有利于农业生产要素创新与运用的体制机制。具体而言，要大力培育新型的农业经营主体，引导和支持种养大户、家庭农场、农村合作社、龙头企业等组织的发展壮大。同时，通过土地入股、代耕代种、土地托管等方式优化农业生产经营体系，实现区域内农民可支配收入的持续稳定增长。

5. 以生态体系及配套服务体系构建为保障

生态体系与配套服务体系的构建是田园综合体建设的重要保障。在生态体系构建方面，田园综合体可以从以下三个方面着力：一是优化田园景观资源配置，打造良好的自然生态环境，为发展绿色农业、有机农业提供基本发展条件；二是积极发展循环农业，充分利用生态环保、农业生产、农业废弃物处理及利用等新技术，实现农业农村的可持续发展；三是构建生态人居环境，为田园生活的塑造奠定基础。在配套服务体系方面，一是完善区域内的生产性服务体系，打造农业种源信息、资本信息、市场信息、人才信息等生产要素服务平台，加速田园综合体一二三产业融合，推动农业新业态快速发展；二是完善科教文卫等综合社会公共服务设施，为乡村居民提供完善的服务，实现乡村的可持续发展。

（三）田园综合体的综合产业价值链演化

1. 田园综合体的综合产业体系构建

田园综合体的主题定位与功能开发对产业链扩展有特定的要求与限定。在产业规模、技术水平、公共服务平台、科研力量和品牌积累等方面具有一定优势的基础上，依托产业补链、延链、强链，形成包括核心产业、支持产业、配套产业、衍生产业四个层次的产业集群。

核心产业：指以特色农产品园区为载体的农业生产和农业休闲。

支持产业：指直接支持农产品研发、加工、推介的技术、金融、媒体等服务产业。

配套产业：指为产业发展提供配套的会议会展、技术培训、餐饮住宿等产业。

衍生产业：指以特色农产品和文化创意成果为要素投入的创意产业。

核心、支持、配套、衍生各产业层次之间相互带动，形成以产业为引擎的乡村发展结构。

2. 田园综合体产业延伸与互动模式设计

将各产业进行融合、渗透，拓展田园综合体的产业链。产业链以市场为导向，基于农村资源，将农产品与文化、休闲、创意相结合，从而提升现代农业的价值与产值。田园综合体具有高科技性、高附加值、高融合性等特征，这些特征是现代农业发展的重点和演变的新趋势。

在田园综合体产业体系中，一二三产业互融互动，传统产业和现代产业有效嫁接，文化与科技紧密融合，传统功能单一的农业及加工农产品成为现代休闲产品的载体，被赋予引领新型消费潮流的多种功能，不仅开辟了新市场，而且拓展了新的价值空间，产业价值的乘数效应十分显著。

四、田园综合体的链式发展模式解读

在乡村振兴的大背景下，"以生态为依托、农业为基础、旅游为引擎、数据为支撑、金融为保障、健康为理念、市场为导向的智慧集约型大农业产业集群"的田园综合体，被寄予了实现"三农"问题全面深化改革、带动乡村实现振兴的厚望。

（一）田园综合体的链式发展结构

"链"的基本含义是用金属环节连套而成的索子。对于"链"而言，首先要有两大核心要素，一个是"珠子"，对于田园综合体来说珠子就是要素；另一个是把这些要素串联而成的"线"，这个线就是各要素之间的关联度。两者相互作用，最终形成一个不断循环和反复的闭环结构，从而解决田园综合体建设过程中纵向断层、横向失联，以及重成果、轻效果、抄袭堆砌成风等问题。

田园综合体的"链"不是单一的一条链，而是一个以结构搭建为核心的多链条、圈层化的复合结构，包括供需链、利益链、产业链、产品链、执行链和效益链。其中，核心结构主要有三个，第一是供需结构，形成了供需链，这是最核心的结构；第二是利益结构，形成了利益链；最后一个是执行结构，形成执行链，即解决到底怎么做的问题。

(二)田园综合体"链"式发展模式

1. 供需链

从党的"十五大"提出"使市场在国家宏观调控下对资源配置起基础性作用"到党的十八届三中全会提出"使市场在资源配置中起决定性作用",体现了政府对中国特色社会主义建设规律认识的新突破。

那么,什么是市场呢?市场就是供需关系。一切谋划的前提都是供需,田园综合体也不例外。在农业综合体项目中,供需不只包含农产品和农产品的衍生产品,还涉及基于农业的土地、气候、产品、政策、人才等软硬件资源的供给。例如,北京人喜欢海南的空气,东北人喜欢海南的气候等,这些都可以从供需角度,形成跨空间、跨时间维度的产品。

2. 利益链

利益链是为了促进供需关系的长久发展,协调政府、投资商、合作伙伴、当地居民、客户五大主体关系,从而实现各方核心利益诉求及可持续平衡发展。

利益链的第一个主体是政府,政府进行项目建设首要考虑三个目标:一是带动区域经济协同发展的"强区";二是改善当地百姓生活的"富民";三是维护本地生态环境的"生态"。第二个主体是投资商,投资商的核心利益诉求主要跟钱相关,即钱从哪里来,投到哪里去,钱怎么生钱,快钱、慢钱之间的关系如何平衡。第三个主体是合作伙伴,引入合作伙伴主要是为了由专业的机构、专业的人才做专业的事情,以保证项目的质量。第四个主体是当地居民,田园综合体项目一定要扎根土地,因而绕不开当地居民,这就需要形成新型的组织方式,包括村企合作、混合制度和农民合作社等。最后一个主体是客户,在个性化、高端化、度假化的消费趋势下,项目在产业与业态设计上,要满足不同客户的核心消费诉求,如养老、休闲、乡居、运动等。

3. 执行链

执行链主要有统筹谋划、农业资源、主体结构、资金结构、开发建设、运营管理六个链条。

(1)统筹谋划

执行链的第一个链条是统筹谋划。统筹谋划不仅仅是规划设计,还包括空间规划、品牌营销、产品设计、财务预算、运营架构和组织结构六部分。简单说,统筹规划就是把一系列想法变成商业模式,把项目的规划、设计、预算、开发、运营、管理等环节理清楚，并形成系列成果，从而形成可操作、可持续运营、可盈利的整体指导性方案。

（2）农业资源

执行链的第二个链条是农业资源。农业资源是农业发展的源头，也是决定田园综合体长久发展的根本，其中，核心资源的选择至关重要。核心资源要么是本地已有资源，要么是符合当地条件的导入资源。例如，在花乡果巷田园综合体项目中，我们抓住了其核心资源——花和果，果是迁西板栗，早已名声在外。核心资源确定后，以其为基础依托，进行横纵向的一二三产融合延伸与发展，形成"大农业产业"，这是田园综合体健康发展的源泉所在。

（3）主体结构

执行链的第三个链条是主体结构，主体结构是解决"人"的问题，即"谁来干"。田园综合体的开发建设需要五大主体：国企、民企、合作社、合作方和当地政府。在开发过程中，或以农村合作社为主，形成合作社带动模式；或以企业为主，形成大型企业带动模式；或以政府为主，形成政府主导模式。如花乡果巷项目，主要以唐山供销农业开发有限公司作为核心项目控股方；多家民营企业作为综合体中的被辐射和带动方；各村居民以梨树和土地入股，有些温室可以承包给他们，进行利润分成；投资方主要通过项目发展，获取增值服务；当地政府的核心任务是把握田园综合体的发展方向，带动地方经济发展。

（4）资金结构

执行链的第四个链条是资金结构，农业项目的资金渠道包括五大部分，即企业自筹、众筹合作、民间资本、低息无息贷款和政策扶持。在谋划阶段，需要制订大财务计划，筹措资金，制订"资金规划及实施方案"。在建设期，需要制订大建设计划，通过"建设规划及实施方案"的制订，节省开支，保证资金的最大化使用；在运营期，需要制订大运营计划，通过"运营规划及实施方案"的制订，实现稳定赢利。

（5）开发建设

执行链的第五个链条是开发建设，田园综合体在开发期，建议以整体谋划、分步实施、启动样板、带动全局的模式进行发展。第一步是打样本、做龙头，即打造大农业生态环境，设定企业的安全种养流程与标准，建设入口、标识、展厅、参观道路等要素，并逐级申报农业龙头、"领头羊"项目；第二步是扩规模、增体量，通过"统一品牌、统一技术、统一标准、统一生产、统一管理、统一市场、统一渠道、统一组织"的"八统一"，整合周边数十家、上百家乃至数百家种植大户、专业合作社及相关加工、仓储、物流企业,迅速做大规模和体量;第三步是各项政府资金导入;第四步是各类社会、民间资本跟进。

(6)运营管理

运营管理是执行链的第六个链条,包括营销负责市场、业务负责生产、行政进行管理、后勤进行保障这四个结构。

以上六大阶段,每一阶段都有不同的工作重点。如前期工作主要集中在立项审批、营业手续办理、市场调研、参观考察等方面。中后期的工作则主要集中在规划设计、资源导入、品牌营销:规划设计重在产品研发与空间规划等方面;资源导入重在种植养殖、相关认证等方面;品牌营销重在品牌建设与市场推广等方面。项目的推进可以通过甘特图来管理进度,执行工作内容。

4. 产业链

产业的发展带来的是人们生产与收入方式的变化,田园综合体作为乡村振兴的重要抓手,在产业链构建上应以一二三产业融合为目标,与农产品加工、旅游、教育、健康、体育等产业广泛融合,实现全产业链聚集。以花乡果巷田园综合体为例,在花果种植的基础上,大力发展花果加工、饮料加工等二产业以及花果售卖、技术推广、仓储物流等三产业,形成以花果为核心的全产业链聚集结构。

(1)产品链

在传统意义的社会产品分工中,乡村供给的主要是粮食、蔬菜、肉蛋等满足基本需求的农产品。新形势下,乡村已经不再仅仅是农产品供应基地,它需要适应我国新时代的新矛盾,成为美好生活方式的载体。具有"农业+旅游+社区"完整生态圈的田园综合体,在产品链打造方面具有先天优势;依托乡村良好的生态环境,可以提供生态旅游产品,为城镇居民提供优良的休闲度假场所;可以提供休闲运动产品,满足近些年来快速增长的体育市场需求;可以提供健康产品,为病人、亚健康人群提供康复、疗养基地等。总之,田园综合体在"农业+"的产业发展模式推动下,将形成适应现代生活需要的综合性产品架构。

(2)效益链

田园综合体涉及产业、产品、社区、文化等乡村各方面的升级,因此,其构建的是经济、社会、文化、政治、生态等综合效益链条。田园综合体的开发依托于乡村独特的物产、文化资源与优良的生态环境,其经济收益与生态环境、文化环境形成正反馈;而多样化的田园产品、创新型的项目运作模式为区域树立良好的品牌形象，同时产生深远的社会、政治影响。可见，随着田园综合体项目的推进，其所产生的经济效益、社会效益、文化效益、政治效益、生态效益将彼此强化，并形成动态可持续的效益链条。

第八章 新时代美丽乡村建设的路径探讨

美丽乡村建设是党和国家提出的一项长期建设工程，符合国家总体构想、符合社会发展规律、符合农业农村实际、符合广大民众期盼。保障美丽乡村建设的顺利开展，建立一套系统的保障措施，多策并举，确保高效、有序实施是推动美丽乡村建设扎实、稳步向前推进的坚实基础。本章分为完善制度建设、促进机制创新、拓展资金来源、加强学科协作四部分内容。

第一节 完善制度建设

一、用好现有政策

人们对历史的不断反思、对发展的不断摸索，衍生出了生态文明。随着社会的不断发展，人们对于生态的关注也在不断提升，逐渐进入了新的阶段。

2002年，中国共产党第十六次全国代表大会就"全面建设小康社会的奋斗目标"问题指出："可持续发展能力不断增强，生态环境得到改善，资源利用效率显著提高，推动整个社会走上生产发展、生活富裕、生态良好的文明发展道路。"

2003年，《中共中央国务院关于加快林业发展的决定》中提出"建设山川秀美的生态文明社会"。这是生态文明第一次出现在党中央文件中。2007年，中国共产党第十七次全国代表大会将建设"生态文明社会"作为实现全面小康社会的五大新要求之一，标志着我国生态文明建设步入了新的阶段。

随后在十八大会议中，理论系统化了生态文明社会的内涵。我们可以看出，经过十年的不断探索，我国的生态文明建设理论日益完善，对其理解也越来越深刻，生态文明的理念已经渗入了经济、政治、文化、科学等各个领域。

中国共产党第十八次全国代表大会上，首次把生态文明纳入党和国家现代化建设"五位一体"总体布局,并提出要将生态文明建设放在第一位,努力建设祖国,实现中华民族伟大复兴。

二、制定专门政策

建设美丽乡村包括对乡村产业的发展、社区的良好规划、生态环境的保护、基础设施的建设、公共服务的提升等,为实现农村地区经济、政治、文化、社会和生态建设的"五位一体"发展,中央和地方政府需要制定一系列的政策作为保障。建设美丽乡村,推动生态文明建设,要优化周边环境,带动乡村全面发展,增加居民收入,维持社会和谐稳定,繁荣农村文化建设,确保美丽乡村建设扎实稳步地向前推进。

目前,城乡发展差距较大,主要体现在居民的收入水平上,在教育、医疗、文化、社会福利保障等方面都有很大的差距。十八大报告中指出:"加强社会建设,是社会和谐稳定的重要保证。必须从维护最广大人民根本利益的高度,加快健全基本公共服务体系,加强和创新社会管理,推动社会主义和谐社会建设。"

在建设美丽乡村过程中,政府要积极推动乡村公共服务建设,将乡村公共服务建设优先到基础设施建设第一位,让乡村居民在教育、医疗、社会保障福利方面与城市居民享有一样的改革发展成果。国家要加大对乡村建设的投入力度,将教育资源等向乡村方面倾斜,加强乡村教育建设,尽快解决乡村师资紧缺的问题。同时,还要解决农民工流入地的教育问题,加大对其经费投入,解决农民工子女的就学问题。在医疗方面,加大对乡村医疗卫生的扶持,提高乡村卫生院的水平,加快实现"看病不难、用药不贵"的目标。

三、强化政策落实

(一)完善美丽乡村建设的政策体系

建设美丽乡村是一项漫长的历史任务,在这一长期过程中,制定政策要长远计划,不能急于求成。因此,美丽乡村建设不能只注重眼前的利益,应该将目光放长远一些,抓好开局,从小事做起,根据生产力发展和财力增长的状况逐步推进,切忌盲目蛮干、互相攀比,有些甚至为了达到目标不惜负债累累,这样就不是在造福群众,而是在祸害群众。建设美丽乡村,要清楚目标,以科学发展为指导,促进乡村农业发展、环境改善、生态建设,重点推广节能减排、节约资源。

①推动清洁资源,转变农业发展的方式。

②加强农业与居住环境的治理,合理利用秸秆等废物资源,控制污染物排放。

③加大治理重金属污染,降低农药、化肥的使用,改善农业环境。

根据每个乡村的不同特点,建设美丽乡村,推动农业产业结构,促进居民与环境的协调发展,加快我国农业生态文明建设。总而言之,美丽乡村应该是"生态宜居、生产高效、生活美好、人文和谐"的。

(二) 充分尊重农民的主体地位

新农村建设给农民发挥主体性作用提供了机会。在改革开放前,计划经济体制造成了农民对集体的紧密的人身依附关系,一切经济活动都是由乡村集体来组织来决定,农民在乡村社会经济活动中缺乏自主性与创造性,更缺少必要的判断性思维和创造性思维,同时也缺乏竞争意识。但"新农村建设是一个系统工程,而村民是这个系统工程中的主体,因为我们要建的是农民的新农村。"它需要表现出农民在参与社会活动中应有的主体性特质。

所谓人的主体性,它是人的一种本质特性,主要包括四个方面。

①独立性。人的独立性,是指人要有独立的思想与社会地位,要有平等的发展机会,有获得更多社会资源的能力和与其他阶层一道共享所创造成果的制度安排。

②自主性。人的自主性是指人有自主择业、自主支配、自主管理及自主享有劳动成果的权利。

③能动性。人的能动性表现为人在推动社会进步和提升人的生活品质过程中所表现出来的强烈进取心和革新精神。

④创造性。人的创造性是指人在改造社会和改变自己命运中所体现的创新精神、创业意识以及在创造性劳动过程中,不断地提升与实现自身的社会价值和自我价值。

农民的这种主体性特质决定了新农村建设需要农民参与。目前新农村建设中农民的上访率越来越高,这与政府资金投入成正比,其中问题的关键是不了解农民,不知道农民需要什么,不能理解谁是新农村建设的主体。

激发农民的主体意识能够促使农民发挥美丽乡村建设的主体作用。农民虽然具有主动性,但必须把这种主体性的特质转化成农民在新农村建设中的主体意识,并在新农村建设的过程中不断地加以激活,才能发挥农民在新农村建设中的主体作用。正如一个参与"绿十字"新农村建设方法培训的学员所说:"使人民群众同样知道什么样是新农村，新农村又由谁来建。不能光靠政策和补贴，我们要武装农民的思想。"同时，我们"要使农民行动起来，改变村庄的环境卫生，提高生活质量，才能提高生产力，使人民增收，才能真正落实中央新农村建设 20 个字的标准"。

最后，新农村建设需要农民的参与。传统的发展理论认为，一个地方或一个群体的发展取决于一些受过良好教育、有各种专业技能的专家或精明能干的官员去帮助这些乡村和农民。参与式的发展思想认为，一个地方的发展成功与否取决于它是否能立足于基层自下而上组织农民自觉参与发展过程，并相信当地农民在一般情况下有能力判断和解决好自己的问题。同样，新农村建设也需要农民的参与。正如孙君所言："中国农村本来就是一个大家庭，新农村建设就是要让农民参与一件事，这件事就是以村为家。"在参与式合作下的农民参与使农民在新农村的建设过程中不再是消极、被动地接受新农村建设的观念，而是积极主动地投入新农村建设实践的全过程中。即农民的参与，不仅只停留在农民对新农村建设项目的实施过程中，而且体现在参与项目的立项，项目的规划与设计，以及项目的监督与管理，甚至是项目的评审。"评价一个规划的好与坏，要走到村民中间去，只有村民们认可的规划，才能得到村民们的拥护与支持。"

（三）地方政府的主导作用

乡村的两级基层组织，在新农村建设中首先也是最主要面对农民的基层政府组织，同时也直接负责具体建设，这与我国的地方政府组织构架和功能定位有关，也与我国农民的特性有联系。正如孙君所言："'绿十字'做的很多工作就是把说服工作还权于村干部，这种权力的归还是社会稳定的最好做法。"

地方政府掌握有庞大的行政资源。我国自古以来就是一个高度集权的社会，这种社会的最大特点就是权力的高度集中和社会资源的过分垄断。

进入 20 世纪 80 年代中后期，我国的改革开放虽然通过部分行政权力得以下放，在一定程度上削弱了地方政府对其行政资源的管控程度，但并未从根本上改变乡村地方政府组织对乡村大部分行政资源的控制局面。无论是乡村的政治、经济资源还是社会民生方面的资源，大多数依然还是掌握在乡村地方基层政府组织的手中。这一方面是我国千百年集权制下的产物，一时难以改变；另一方面也是我国现实的国情，而这种行政资源的相对集中在某种程度上符合我国乡村的目前社会稳定的需求。所以，在这一种特殊的行政体制背景下的新农村建设中，要想改变农村的落后面貌，要想改善农民的生活品质，单靠农村自身的积累，乡村建设将是漫长的过程；单靠农民自己的力量，农民生活的改善将变得异常艰难。而且，单纯的市场机制的作用又可能加剧农村和城市发展的不平衡。

因此，这就需要地方政府在新农村建设中起主导作用。在政府、农民、非政府组织三者之间，最重要的也是关键所在就是政府。严格地说，政府就是项目主体。

政府一旦认可这个方案，并使之成为他们的工作，这个项目就可能完成。政府有严格的工作程序，政府有力度、有资源、有人才、有手段，只要政府把项目列入工作计划，就有可能把非政府组织的先进理念变为政府理念，进而成为现实。

（四）创新政策激励方式

首先，政策的执行人员的动力是建设美丽乡村的关键。在政策执行过程中，要在广大党员干部中营造良好的比学赶帮的气氛，激发党员干部的责任感与荣誉感，树立其不进则退的观念，促进其投身美丽乡村的建设中来。

其次，还要强化干部责任制，这是提高政策执行动力最有效的途径之一。一些基层工作人员工作被动的原因之一就是权责不明确，因此要大力强化干部责任制，严格追究失职人员的经济责任、行政责任和法律责任。

再次，要创新奖励机制。对于那些工作中有突出表现的执行人员要根据其自身需求的特点给予相应的物质奖励、精神奖励和晋升奖励。

最后，要大力提高农民素质，提高农村经济发展的能力，减轻农民对国家和政策的依赖。

四、为乡村建设规划与蓝图

（一）前瞻性

所谓前瞻性，就是在规划的过程中，要充分考虑今后工业化、城镇化的发展，同时也要考虑村镇布局的长远变化，抓重点建设，不要遍地开花。不发达地区，村镇和人口都相对稀疏，在规划的过程中尤其要注意这一点，不能片面追求数据。

因为以后要撤并边缘村庄等，所以当前不必花费大量时间金钱建设基础设施。一些发达国家新村运动结束后，农村人口日益稀少，大量房屋等基础设施处于闲置状态。我国在20世纪90年代时期，为了使农村教育达到标准，许多村落都建设了学校校舍，但是在进入21世纪后，由于儿童数量减少、学校合并等原因,大量校舍闲置,造成了极大地浪费,这都是当前我们应该吸取的教训。

目前我国农村老龄化现象极为严重,尤其是在发达地区更为明显,村落常住人口逐年减少。因此,前瞻性极为主要。

(二)和谐性

要实地考察村镇的地形以及周边的环境,做到不开山、不埋池、不砍树,追求人与自然和谐相处,形成具有特色的乡村,拒绝"千村一面"。

(三)包容性

在规划的过程中,要注意保护有价值的传统居民文化遗产。一些村镇的祠堂很多,而且大多都位于村镇的中心区域,因此在规划的过程中应着重保护,并利用祠堂的文化优势,将祠堂培养成文化活动中心等。

(四)以人为本

要突出农村特色,便利农民生产生活。那种想当然地把农村"城市化",将城市的各种模式直接生搬硬套地安放在农村的做法,最终会伤害到农村的生态环境以及人文环境,付出惨痛的代价。

五、完善乡村建设组织保障

尽管美丽乡村的建设行动需要政府作为先锋,起到主导作用,但是并不是就要政府全权负责,最终还是要依靠村民自己。因此,当政府部门在制定规划的同时,要考虑如何发挥村民的主体地位。只有不断提高村民的组织化程度,加强村民的合作意识,再加上国家的投入,才能更好地建设家乡。

农村合作经济组织的发展是市场经济的产物,但是合作经济组织的发展又不单单是一个经济问题,它和政府的培育有密切的关系。当前我国农村发展正处在这一特定阶段,所以必须加强政府引导、调控以及推动职能,并做好以下几方面的工作。

①加大宣传力度,充分认识发展农村合作经济组织对美丽乡村建设的重要性和必要性,积极稳妥地推动农村合作经济组织的发展。

②明确农村合作经济组织的地位和作用,加强对合作经济组织的领导,保证其健康成长。

③加快农村合作经济组织立法,强化宏观指导,明确农村合作经济组织的法律地位。

④搞好试点示范,扶持农村合作经济组织发展。

第二节 促进机制创新

一、加强机构建设

推进乡村建设,首先要做好乡村的基层建设,乡村基层组织是其重要的领导核心,是生活、经济、文化发展的领头羊,乡村基层组织的领导对于建设美丽乡村有着举足轻重的作用。

(一)领导村级组织建设

政府在这一过程中需要发挥重要的主导作用,整合一切资源去推动美丽乡村的建设。为了使村级组织更好地承接美丽乡村建设的任务,需要加强对村级组织建设的领导,把握其服务美丽乡村建设的宗旨。

1. 加强基层组织的政治领导建设

政府要大力加强对村镇基层政治组织的建设,使其有利于宣传和贯彻执行党的路线、方针、政策,有效地发挥好利益表达和利益综合的职能作用,确保村级组织建设的社会主义方向,为美丽乡村建设创造一个和谐稳定的社会环境。

2. 加强对基层组织思想道德建设

提高基层党员干部的政治思想觉悟,才能更好地做群众的思想工作,向群众宣传党和政府的相关政策,调动人民的积极性自觉参加活动,参与到建设家乡的任务中来。同时还要加强对村级组织建设的组织领导,在美丽乡村建设中新兴的一些其他村级组织如村级农民专业合作组织以及各种协会组织中,发展党员并建立党支部,来加强领导和正确引导其发展,把握组织服务美丽乡村建设的宗旨,共同推进我国的美丽乡村建设。

(二)明确组织职能分工

进行美丽乡村建设,首先要建立完善的基层组织体系,要不断完善村镇级基层组织的功能,才能真正做到政府的主导性与农民的主体性的统一,才能推动美丽乡村的建设。一方面,要始终坚持"围绕发展抓党建、抓好党建促发展"的正确思路,"在坚持按地域、建制村为主设置党组织的基础上,按照有利于促进农村经济社会发展、有利于充分发挥党组织作用、有利于加强党员教育管理、有利于扩大党的工作覆盖面的原则,积极探索其他设置形式。"

（三）提高组织整合能力

乡村基层组织是党和政府与群众关系的重要纽带，二者之间的关系关系到党和政府制定的政策能否顺利落实到位，关系是否能够调动群众的积极性参与到家乡的建设中，推动美丽乡村的建设。

因此，首先要解决村级党组织的权力来源的合法性问题。这种合法性是指政治合法性，这种特性不仅来自正式的法律或命令，更主要的是来自根据有关价值体系所判定的、由社会成员给予积极的社会支持与认可的政治统治的可能性或正当性。

（四）完善组织工作机制

在美丽乡村的建设过程中，应注意做到完善工作机制，具体有四点要求。

①加强党员管理。只有管好现有党员，才能发展好新党员，不断提高党员素质，发挥模范作用。

②要以人为本，体现党员先进性。要加强对党员的思想教育培训，提高党的素质，使党员队伍成为先进生产力的代表。

③创新活动载体。在围绕美丽乡村建设过程中，通过活动载体，锻炼党员的党性，增强党员责任意识和服务意识。

④发展基层党员，成立党支部，发挥党员队伍的模范先锋作用。

二、建立激励机制

（一）建立农民充分就业的政策激励机制

农民作为美丽乡村建设的实践者，创造就业、提高农民收入是民生之本。应建立农民充分就业和持续增收的长效机制，激发农村市场的活力，促进农民持续稳定增收。

①充分发挥地区资源优势，从农民利益出发，充分利用金融、市场、合作社等方式开发农业资源，拉长主导产业的产业链，把农业产业化经营做大做强，充分挖掘农业内部的就业增收潜力。

②充分发挥区域经济优势，激发乡镇活力，多多吸纳劳动力进行第二、第三产业的发展，使其成为农民创业就业的重要平台和市民化的有效载体。

③充分发挥政策优势，降低农民的就业门槛，促进农民工向工人转变。定制并鼓励企业招收本地劳动力、扩大农村劳动力就近就地转移等政策，为农民创造平等的就业环境。

（二）建立多元主体参与的政策激励机制

美丽乡村建设需要政府、农民、社会"三位一体"，共同建设，通过制定激励性的政策，发挥政府的主导地位，促进农民主体地位的觉醒，大力发挥社会力量在美丽乡村建设的作用。

（三）建立激发农村活力的政策激励机制

美丽乡村建设必须通过改革创新来激发农村活力，不断增强建设实力。

①加大补贴，增加农民种粮收益，使农民获得合理利润。

②着力构建集约化、专业化、组织化、社会化相结合的新型农业经营体系，以此激发农业农村的内在活力。

③健全土地确权登记制度，保障农民权益不受侵害，以产权改革激发农村活力。

④进一步提高我国农民的组织化程度，提高合作社的引领带动能力和市场竞争能力。

⑤构建公益性服务与经营性服务相结合、专项服务与综合服务相协调的新型农业社会化服务体系，为农民提供全方位、低成本、更便利的服务。

（四）建立基层领导干部的政策激励机制

农村基层干部是建设美丽乡村的领头羊，党和政府的方针路线要靠着农村基层干部去落实，农村生活的稳定也要靠着基层干部去维护，农村群众的积极性和创造性更需要基层干部去调动。可以说，农村基层干部关乎国家大计的发展。

①明确县级政府在美丽乡村建设中的主体责任，为基层干部抓好美丽乡村建设创造条件。

②创造良好的舆论氛围，大力宣传基层干部的重要地位和作用。

③保护好、发挥好基层干部的积极性和创造性，如财政、责权等。

④加强对农村基层干部的培养，建立科学的美丽乡村建设考核制度，形成正确的政绩导向。

三、完善监督机制

第十七次全国代表大会提出了"要健全民主制度，丰富民主形式，拓宽民主渠道,依法实行民主选举、民主决策、民主管理、民主监督,保障人民的知情权、参与权、表达权和监督权。"

党和政府要加强乡镇基层的民主监督工作，这既是基层民主建设的重要步骤，同时又是规范权力与实现科学指导的重要前提，是建设美丽乡村的关键。我们要在实践过程中不断提高、不断完善民主意识，为民主提供保障。

（一）进一步健全村务公开制度

经过一段时间的建设，目前我国已经普遍设立村务监督小组，一些地方还针对财务方面特别设立了财务监督，这些从结构上来看都属于村务委员会的下属单位。从实际情况来看，村务监督小组、财务监督小组以及审计小组的成员大多都是由村务委员会兼任，因此这样的管理监督能力效果不言而喻。由于受到多方面的实际情况的影响，我国的村务公开程度在发挥其监督功能时存在诸多问题，具体主要有以下几个方面。

①村务公开不规范。

②村务公开程序不科学，内容不全面。

③村务监督小组缺乏独立性。

所以，为了进一步建设美丽乡村，保障村民的权利，完善健全村务公开制度显得尤为必要。

（二）设立村务监督委员会

1. 对村级财务的监督

财务监督的内容主要包括对资金的使用的监督、定期对财务收支的审查工作，这也是村务委员会的主要工作。

2. 对村干部人事的监督

村务监督委员会对人事的监督主要有三个方面。

①村党支部或是村民直接推荐的干部人数必须在两人以上，且必须经过村民直接选举产生。

②村党支部或是村民所推荐的干部必须符合我国《村委员会组织法》《中国共产党农村基层组织工作条例》的规定，必须遵循法定程序。

③对于不称职的任职干部，可以通过村务监督委员会与村民联系、协商，经过五分之一以上有选举权的村民联名，可以要求召开村民会议对其进行罢免。

3. 对村支两委职责和责任的监督

当前我国农村权力运行还算平稳，但一些地区出现了村支两委互不相让、争夺权力的状况。出现这种情况的原因主要是村支两委对于职责范围的划分不明确，缺少责任监督。村党支部是主要负责政治领域的问题，处理党务问题。

如果村支书以村干部的身份出现进行村务管理时，则与村委会一样受到监委会的职责监督。重大决策如果没有经过村民大会或听证会，那么对决策失误的村支两委的决策领导者应实行责任追究，明确责任大小和原因，采取相应的处罚或罢免措施。

4. 对基层民主管理的程序监督

对基层民主管理程序监督主要包括对村中事务决策的程序、对村中人事的任免程序、民主选举的程序、财务收支审计程序进行监督，审查其是否公平、公正、公开，是否存在徇私舞弊现象。

5. 建立完善的村干部激励约束制度

要大力宣传、鼓励和表彰积极促进事务公开、民主决策管理的村干部，切实维护和保障村干部的合法权益。

（三）提高村民的民主法制意识

加强对普通村民的思想政治教育，使其正确理解民主法治建设的内涵，懂得有关民主政治相关的法律法规，深刻理解法律所赋予人民的权利，明确自身当家作主的地位，以及滥用权利的危害，培养农民群众实行民主所需的思想认识、思维方式和道德水平，农民有了民主法制观念就能够有效地参与民主监督。另一方面，要加强对村干部的培训，提高干部的整体素质。要突出抓好村干部的政策学习教育，大力加强对村干部民主法制意识的教育，培养民主管理能力，使他们认识到依法办事的重要性，认识到开展村务公开、民主管理工作的重要性和紧迫性，从而不断提高发展农村民主政治的能力。

四、引进企业与社区主导

（一）企业主导

推进美丽乡村建设，需要统筹城乡经济社会发展，建立以工促农、以城带乡的长效机制。农业产业化企业与农业有着天然的"血缘"关系、地缘关系和利益关系，通过企业与基地农民对接，将第一、二、三产业有机联结起来，使资金、技术、人才信息等生产要素由工业引入农业，由城市引入农村。实践表明，农业产业化经营既是城市和工业资源进入农业和农村的有效载体，也创新了新型工农关系和城乡关系的组织形式和运行机制。

当前和今后一个时期，企业参与美丽乡村建设，要主动适应美丽乡村建设的需要，充分发挥农业产业化企业的作用，通过产业带动、村企联动、投资推动、科技驱动、服务拉动、外向牵动等多种形式，实现兴村富民、村企共赢，促进农村经济社会和谐发展。

企业参与美丽乡村建设要遵循四个基本原则。

①要因地制宜，量力而行。要坚持从实际出发，根据具体情况，自主自愿，各施所长，开展切合实际、符合农民生产生活习惯与要求的美丽乡村建设行动，不得揠苗助长、贪大求全。

②要以人为本，造福农民。要尊重农民的意愿，不能包办代替，更不能强行推进；要坚持从农民要求最迫切、利益最直接、受益最明显的项目入手，使农民群众真正得到实惠。

③要遵循规律，互利共赢。要遵循企业发展规律、市场运行规律和美丽乡村建设规律，为企业成长创造更好的环境和条件；企业要通过不断拓展产业链，培育壮大区域主导产业，带动农户生产致富，实现企业与农村和谐发展。

④要大胆实践，开拓创新。要充分发挥农民的首创精神和企业的创新潜能，大胆进行技术创新、经营创新、组织创新，不断丰富和完善企业与农户的合作方式，积极采取多种方式参与美丽乡村建设。

实践表明，企业根据自身情况，结合行业特点，采取不同形式，支持农业生产和美丽乡村建设，赢得了农民的欢迎、政府的肯定和社会的称赞。在今后的美丽乡村建设中，企业要继续探索、积极实践、不断创新，努力在适宜的领域、采取适合的方式参与美丽乡村建设。具体来说，主要表现在四个方面。

①培育主导产业。美丽乡村建设的首要任务是发展现代农业，繁荣农村经济，富裕广大农民。企业要带动"一村一品"发展，根据当地资源和特色培育主导产业，依托自身的品牌和技术等优势，通过技术推广、生产资料供应、质量控制、资金供给、信息服务、培训指导等多种形式，建设规模化、专业化、标准化的生产基地。坚持自主创新，引入先进的经营理念、管理方式、物质装备、生产技术等要素，改变传统的种养模式，努力提高农业科技的支撑和引领能力，推动传统农业向现代农业转变，为美丽乡村建设奠定坚实的产业基础。

②完善利益机制。农民增收、生活宽裕是建设美丽乡村的基本要求，建立和完善企业与农户的利益联结机制，有助于农户从产业化经营中受益。企业和农户可以根据实际情况选择不同的利益联结方式。要积极发展订单农业，形成相对稳定的购销关系；有条件的也可以确定最低收购保护价，或将部分加工、销售环节的利润返还给农户；在自愿互利的前提下，还可以通过股份制、股份合作制等形式，在产权上结成更紧密的利益共同体；要积极探索风险保障机制，

提高农户抵御自然和市场风险的能力,努力使农民稳定分享整个产业链的平均利润。

③培育新型农民。农民是美丽乡村建设的主体,建设美丽乡村的根本是要提高农民素质,培养新型农民。企业要发挥技术和信息优势,通过专题讲座、现场指导等形式培训农民,建立示范基地、养殖小区,引导农民转变种养观念,提高农民发展生产的能力;要以企业先进经营理念、管理方式教育农民,提高农民的经营水平;努力吸纳农村富余劳动力,通过对农民工进行岗位培训,组织农民参与工业化、标准化生产,逐步提高农民合作意识和适应工业化社会的能力。

④促进公益事业。农业基础设施脆弱、农村社会事业发展滞后,是影响美丽乡村建设的制约因素。鼓励和引导具备条件的企业发挥资本优势,积极参与农村社会公益事业。企业可以根据自身情况,配合国家农业综合开发、农村基础设施建设等项目,积极帮助农村修建道路、桥梁、水电等生产生活设施,改变村容村貌;开展图书下乡、文化下乡活动,丰富农民文体生活,促进农村教育文化事业发展;参与扶贫开发、移民安置,带动贫困地区调整结构,拓宽贫困农户和移民的增收渠道。企业要与政府及其他社会团体合作,共同兴办农村公益事业,营造美丽乡村和谐发展氛围。

同时,政府要引导企业与基地所在村开展多种形式的联合与合作,加强村企之间的互通互动,形成共建合力。综合考虑产业发展、村容村貌、保护生态环境、发展农村循环经济等因素,共同制定美丽乡村发展建设规划,积极探索股份合作、村企联动等多种模式,整合各种资源,形成企业与农村良性互动的发展局面。

(二)社区主导

建立起以农村社区为主导的美丽乡村建设的政策机制及面向广大农民群众的宣传、倡导新模式,对整体推进我国美丽乡村建设战略的实施,以及全面加快农村社会、经济和生态环境的可持续发展,具有四个方面的重大意义。

①能推进美丽乡村的建设,体现出合理的科学发展观,大幅度提升居民的归属感,加快乡村社区综合发展的脚步。

②促进村民参与政务,提高村民的自我监督与自我管理的水平,加快社会主义民主法治建设。

③能促进提高农民的公民意识、参与意识、参与能力及有关建设与发展实际技能,自我赋权,激发农民的创造性,调动农民的积极性,增强农民对社区

发展的责任感，并在发展中建立起尊严与诚信的价值观，在尊重与诚信的基础上学会与人合作。

④能促进农村社区参与到与美丽乡村建设有关的政策、规划、计划的制定中，使美丽乡村建设项目与内容的实质体现出广大农民的意志，从根本上避免当前美丽乡村建设试点中出现的一系列问题。能充分体现中央"执政为民"与"以民为本"的先进治国理念，让农民特别是广大的贫困农村社区的农民真实感受到当家作主以及国家的惠农政策，促进社会的公平、和谐。

（三）混合型主导

混合型美丽乡村建设是指要根据当地的实际情况，集政府、企业和社区等各方面的力量，因地制宜，切实将美丽乡村建设落到点子上，建设出成效来。

一般来说，混合型美丽乡村建设主要是依靠政府或者当地人的指引和示范作用，通过特色产业带动、企业带动、休闲产业带动以及商贸流通带动等途径，达成美丽乡村建设的宏愿。

特色产业带动主要是指在一个乡村的范围内，根据其地区所在的独特优势，围绕一个特色产业实施专业化生产管理，通过发展壮大带动乡村综合发展的一种美丽乡村建设模式，这种模式主要需要三个基本条件。

①具有生产某些特色产品的历史或自然条件。

②市场需求量大，能够带动产业。

③需要优秀人才通过产业集群形成规模。

特色产业带动型美丽乡景建设有以下几个特点。

①定位定型准确，不过分追求规模。

②不越位、不错位、不缺位，服务意识强，不过分干预市场。

③重视示范带头作用，循序渐进，不贸然调整。

④大力发展产业农业一体化。

⑤重视技术的创新与推广，打造特色品牌。

推广和发展该模式必须注意这样几个问题。

①农业是工业发展的基础，不能忽视农业的发展。

②要注意环境保护和经济的可持续发展。

③加强村民的精神文明建设，与经济社会各项建设事业相互协调，既要发展迅速，也要文明和谐。

休闲产业是以农业为主题，利用农业生产、农业环境和农村特有的乡村文化气息吸引外来游客参观旅游，这是一种集娱乐、体验、知识教育于一身的新型休闲产业，是一种能够带动美丽乡村建设的一种全新模式。这种模式包括建立生态农业园、农业养殖场、采摘园、农艺园、民俗小店等，将乡村的发展与休闲产业相互融为一体。这种模式一般应具备三个条件。

①交通方便，距离城市路程时间短，靠近市场。

②自然环境优越，有一定的农业发展基础。

③有能够满足游客食、住、行基本要求的设施。

这种模式还应具备三个基本要求。

①运用城镇社区建设的理念来建设传统的村庄，建设整洁优美的农村社区。

②发展基础设施与公共服务，推进城乡一体化进程。

③建设舒适富裕的田园生活，积极推动农村传统文化的建设，推进现代文明与农村传统田园文明相互结合。

休闲产业带动美丽乡村建设，有几个特别需要注意的问题。

①注意整体规划，注意突出当地特色，因地制宜，避免盲目建设。

②要重视生态环境保护，合理开发自然资源。

③转变农民思想，加强职业培训，使农民更有文化、懂技术、会生活、善经营，成为新时代农民。

第三节　拓展资金来源

一、加大政府投入

政府要加大对农村公益文化事业的资金投入，并将文化建设经费列入政府建设计划与财政预算中，单独设立农村公益性文化事业建设的专项资金，切实保证农村文化事业建设的基本需求。加强和巩固农村文化阵地建设，坚持以政府为主导、以乡镇为依托、以村为重点，进一步加强美丽乡村公共文化设施建设，发挥政府对农村文化设施建设扶持政策的引导、激励作用。同时，大力发展农民普遍受益的各种文化设施，以农民需求为导向，尤其是要普及网络、电视、广播等多种现代化设施，以满足现代农民求知、求乐、求美的文化需求。

二、鼓励多方参与

（一）优化民间投资环境

各级地方政府，要积极贯彻落实党的十八大精神和国家的法律政策，出台相关的配套政策，引导和规范民间投资行为，为民间投资创造良好的外部环境。

①明确规范发展道路。

②根据产业类型结构不同调整方向，重新制定重点开发项目。

③出台有利于民间投资的发展政策。

④对各种优惠政策要落实到位，在税收方面要以产业导向为标准，对民营经济一视同仁，土管部门要按土地使用权出让、转让、租赁等有关规定，解决好民间投资所需用地，对列入重点工程项目的要保证征地指标，工商部门要进一步简化对民间企业投资的审批权限，减少现行体制对个体私营经济准入的种种限制。

（二）加强信息平台建设

信息平台建设主要包括加快建设政策信息、技术信息、市场信息以及投资信息的发布渠道，收集、归纳、分析研究各种有关民间投资的信息，并定期在网站上进行发布。当前，要特别设立信息服务中心、技术创新中心、投资咨询中心等部门机构，为民间投资创造配套型服务。提高农民自主投资的素质，鼓励民间投资走产业聚集地和规模发展的道路，避免投资方向过于集中。

（三）大力扶持民营企业

民营经济是当面我国市场最具有活力、潜力、创造力的新兴力量，是肩负着农村经济繁荣的重要一员，支援美丽乡村建设是民营企业所应当承担的社会责任。推动微型企业与个体工商户的发展，要坚持非禁即入、不拘形式、不限制规模，更不能讲究身份高低，要全面开放，努力激发创业的活力。

①要全面激发村民的创业热情，充分发挥职能优势，依托工商业和创业指导站加强对政策的宣传与引导。

②要放宽经营条件，着手解决微型企业和个体工商户在进入市场时所遇到的资金不足等问题。

③要加强创业扶持力度，落实好政府财政补助、税收返还、融资贷款等扶持政策，强化创业培训和创业指导。

三、加强财政监督

（一）整合资金

1. 理顺投资体系

各部门要合理统一安排投资项目，财政所拨款的支援农村资金要发挥作用，明确各部门的职能。

2. 利用平台整合工作

要利用好县级部门,因为各种资金支出最终都要落实到县里,只有将这个平台建设好,资金才能起到最佳效果。

3. 引导资金整合

通过制定农业发展规划,合理运用、整合拨款,各级制定的规划都要按程序进行评审并报批准后确定下来,作为今后各级各部门安排资金的重要依据。

4. 实施项目管理

以主导产业与项目优势和特色产业为基础,依托打造支农资金整合平台,集中各方面的资金到项目组内,通过项目实施带动支农资金的集中有效使用。

5. 建立协调机制

成立由政府为主导领导的支农资金整合协调小组,形成在同一项目区内资金的统一、协调、互补和各有关部门按职责分口管理的"统分"结合的工作联系制度。

(二)专款专用

在专款专用方面,对综合考核结果较好的单位,在今后的项目申报以及资金安排上考虑,同时财政支出绩效评价从以往的事后评价过渡到事前评价与事后评价相结合,其评价的终极目标是考核政府提供的公共产品和公共服务的数量和质量。

第四节 加强学科协作

一、推进农业技术推广

在基层推广农业技术,是实行科教兴农的主要步骤,是推动农业朝着科学发展的重要举措,也是现代化业建设的重要依托。加快推动农业科技创新推广,加大农业科技跨越式发展,对于促进农业产量增加、农民收入增加、农村生活繁荣和建设美丽乡村具有深远的意义。

①加快农业创新,在种植业上有新的技术突破。

②加快农业体系建设,健全基层农业公共服务。

③改善农业工作条件,建设完善乡镇农业站。
④增加使用农业技术安全宣传,尤其是防灾减灾上,更要一丝不苟。
⑤加快农业人才培养。

2012年以来,农业农村部持续推进农技推广体系"一个衔接、两个覆盖"政策的落实,通过组织实施基层农技推广体系改革与建设补助专项,中央财政每年下达26亿元专项资金用于基层农技推广补助项目,并开展项目绩效考评,建立考核结果与项目经费分配挂钩机制,提高项目实施效果,组织实施乡镇农技推广机构条件建设项目,中央财政先后下达50多亿元用于乡镇农技推广机构条件建设。

二、加强农民技能培训

(一)提高农民的整体素质

目前农民的自身理念与素质还有待提高,与美丽乡村所预期的目标还存在着一定的差距,有些落后的观念阻碍了我国农民素质的提高。我们需要从农民自身层面出发,关注农民的思想观念,多多灌输民主法治意识。通过多种不同形式,建设农村新型文化,树立农民在技能培训方面的文化氛围,调动好农民的技能培训的积极性与参与性。

例如,"三下乡"或是"美丽乡村行"活动,将许多科普性知识带到了乡间,传播到了农民身边,将积极先进的文化带到了落后的村寨,这些方式能够有效普及科技文化知识,提高农民的素质。

组织科学文化活动,要主抓农村薄弱环节,深入了解农民的所见所闻所想所感,将类似"三下乡""美丽乡村行"的活动与党和政府制定的策略相互结合起来,与我国的农业产业结构调整及农民收入的提升紧密结合。不仅如此,该活动还应该广泛听取农民的意见建议,根据不同地域地区,从实际出发,针对农民的实际生活情况调整活动的内容或者是形式,真正做到将农民需要的送到,使下乡活动成为提高我国农民观念以及道德素质的重要教育方式之一。

(二)构建农民技能培训的新机制

从政府角度来看,政府责任是首先要强调的部分,政府应当进行适度的宏观干预。农民技能培训一直都是一项利国利民的事业,因此,政府应当大力投入。其次,当前我国经济已经进入工业反哺农业、城市支持农村的发展阶段,按照健全公共财政体制的方向,政府要逐步加大公共财政支持返乡农民工培训的力度,建立稳定增长的投入机制。再次,政府还应该整合培训资源,加强培训方面的管理。各级政府应成立专门的农民培训工作领导机构,具体负责统领农民工的培训工作。最后,政府应该建设以提高农民工技能培训为导向,鼓励民间培训机构平等参与,实现政府主导、官民并举的多层次技能培训体系。鼓励民间培训在鼓励不同类型主体积极参与培训的同时,要创造良好的环境,促进不同类型培训主体之间的竞争,强化市场对培训机构的选择作用和对培训质量的检验作用。

(三)建立健全的农民技能培训政策

政府若想要确立良好的农民技能发展管理体制,就必须要不断地完善农民技能培训制度,通过不断完善法制政策,为我国农民技能培训打造优良的外部环境。

首先,党中央政府要确立目标,修正法案,通过法律的方式促进我国农民技能培训不断发展。

其次,省级以及省级以下政府部门,要结合本省的实际经济、文化情况,制定符合本省农民的培训体系以及培训需要,从而有效地发挥利用农民技能培训工作方面的作用。

最后,我国要确立农民技能培训的宏观管理方式,并同时确立农民技能培训的质量监督机制。我国地方政府在农业技能培训方面执行主管的行政部门应从农民技能培训的实际出发,制定相应的农民技能培训教学的宏观管理文件,并以该宏观管理文件为基础进一步制定农民技能培训的质量评价标准,从而有效地实现对农民技能培训教学方面的工作进行指导与监督检查。

参考文献

[1] 王宝升. 地域文化与乡村振兴设计 [M]. 长沙：湖南大学出版社，2018.

[2] 蔡竞. 产业兴旺与乡村振兴战略研究 [M]. 成都：四川人民出版社，2018.

[3] 张禧，毛平，赵晓霞. 乡村振兴战略背景下的农村社会发展研究 [M]. 成都：西南交通大学出版社，2018.

[4] 舒科. 明日田园：以旅游推进乡村振兴的探索与实践 [M]. 成都：四川人民出版社，2018.

[5] 高彦彬. 普惠金融支持乡村振兴战略模式研究 [M]. 哈尔滨：黑龙江人民出版社，2018.

[6] 赵皇根，宋炼钢，陈韬. 振兴乡村旅游理论与实践 [M]. 徐州：中国矿业大学出版社，2018.

[7] 李长滨. 大数据与美丽乡村建设 [M]. 长沙：湖南大学出版社，2018.

[8] 傅大放，闵鹤群，朱腾义. 生态养生型美丽乡村建设技术 [M]. 南京：东南大学出版社，2018.

[9] 朱平国，卢勋. 居有其所：美丽乡村建设 [M]. 北京：中国民主法制出版社，2016.

[10] 庞智强. 美丽乡村建设的康县模式 [M]. 北京：中国经济出版社，2016.

[11] 杜娜. 美丽乡村建设研究与海南实践 [M]. 北京：科学技术文献出版社，2016.

[12] 杨巧利，马艳红，贾天惠. 美丽乡村建设 [M]. 北京：中国农业科学技术出版社，2018.

[13] 胡巧虎，胡晓金，李学军. 生态农业与美丽乡村建设 [M]. 北京：中国农业科学技术出版社，2017.

[14] 龚元建. "旅游+"视角下的美丽乡村建设探索 [M]. 北京：中国旅游

出版社，2018.

[15] 刘志，耿凡.现代农业与美丽乡村建设[M].北京：中国农业科学技术出版社，2015.

[16] 吴洪凯，许静.生态农业与美丽乡村建设[M].北京：中国农业科学技术出版社，2015.

[17] 刘旭,唐华俊,尹昌斌.农业发展方式转变与美丽乡村建设战略研究[M].北京：科学出版社，2018.

[18] 卢伟娜，李华，许红寨.农业生态环境与美丽乡村建设[M].北京：中国农业科学技术出版社，2015.

[19] 乔宏.基于乡村振兴战略的农业园区金融支持研究[M].长春：吉林大学出版社，2018.

[20] 傅春,唐安来,吴登飞.乡村振兴：江西美丽乡村建设的路径与模式[M].南昌：江西人民出版社，2017.

[21] 范建华.乡村振兴战略的理论与实践[J].思想战线，2018（3）：149-163.

[22] 魏玉栋.乡村振兴战略与美丽乡村建设[J].中共党史研究，2018（3）：14-18.

[23] 顾益康.实施乡村振兴战略的创新路径与改革举措[J].浙江经济，2018（6）：17-19.

[24] 修楠.乡村振兴背景下美丽乡村建设的实践与思考——以南京市浦口区水墨大埝为例[J].中共合肥市委党校学报，2018（6）：36-38.

[25] 崇左市乡村办.崇左市：以美丽乡村建设为抓手 推进实施乡村振兴战略[J].广西经济，2018（2）：28-29.